别输在
不懂沟通上

王玉 ◎ 著

中国青年出版社

律师声明

北京市中友律师事务所李苗苗律师代表中国青年出版社郑重声明：本书由著作权人授权中国青年出版社独家出版发行。未经版权所有人和中国青年出版社书面许可，任何组织机构、个人不得以任何形式擅自复制、改编或传播本书全部或部分内容。凡有侵权行为，必须承担法律责任。中国青年出版社将配合版权执法机关大力打击盗印、盗版等任何形式的侵权行为。敬请广大读者协助举报，对经查实的侵权案件给予举报人重奖。

侵权举报电话

全国"扫黄打非"工作小组办公室　　　中国青年出版社
010-65233456　65212870　　　　　　010-50856057
http://www.shdf.gov.cn　　　　　　　E-mail:bianwu@cypmedia.com

图书在版编目（CIP）数据

别输在不懂沟通上/王玉著.—北京：中国青年出版社，2018.10
ISBN 978-7-5153-5342-5

Ⅰ.①别… Ⅱ.①王… Ⅲ.①口才学-通俗读物 Ⅳ.①H019-49

中国版本图书馆 CIP 数据核字（2018）第 232566 号

别输在不懂沟通上

王玉／著

出版发行：中国青年出版社
地　　址：北京市东四十二条21号
邮政编码：100708

责任编辑：刘稚清
封面制作：尚世一部设计

印　　刷：天津中印联印务有限公司
开　　本：710×1000　1/16
印　　张：19
版　　次：2019年3月北京第1版
印　　次：2019年3月第1次印刷
书　　号：ISNB 978-7-5153-5342-5
定　　价：48.00元

前言

这是一个充满机会与希望的时代，同时也是一个充满挑战与竞争的时代。在这个时代，大多数人最关心的话题莫过于"如何获得成功"。

成功学大师卡耐基曾说："我们生活在一个人际关系重于其他的世界里，人与人之间相处的好坏是决定人生成败的重要因素。"

智者说："人生的幸福就是人情的幸福，人生的幸福就是人缘的幸福，人生的成功就是人际沟通的成功。"

由此可见，沟通就是为了让人生更丰富，让生活更精彩，让事业更顺畅。

在人与人相处的过程中，沟通就像一座桥梁，架起了人们之间的友好、理解、关爱。当一个人知道如何更好地与人沟通时，那他就能在融洽的气氛中一往无前。相反，当一个人不懂如何沟通时，那他很可能会陷入四面楚歌的困境。所以，想要获得成功，千万别让自己输在不懂沟通上。

在职场上，沟通的成功与否决定着事业发展的成败；在婚姻中，夫妻双方沟通的成功与否，决定着婚姻的幸福指数；在家庭中，与孩子沟通成功与否，决定着父母的威信……

据统计，在人际关系中，大概有80%的问题是由沟通不畅引起的。著名的帕金森定律指出："因为未能沟通而造成的真空，将很快充满谣言、误解、废话与毒药。"那么，如何才能把话说清楚，让沟通变得顺畅呢？

首先要明白的是，沟通是一种能力，并不是一种本能。它不是天生具备的，而是一个需要我们后天培养的过程,并需要我们去学习和经营。

本书就从沟通的智慧、沟通的技巧和沟通的关键三个方面,为大家总结了一整套易掌握、见效快的沟通方法,教你如何在不同场合与不同人交谈时,用最短的时间引起对方兴趣;如何用个人魅力、幽默智慧、真情实意打动对方,帮助你在面对各种各样的人时,能够从容不迫、自如应对。

如果你不想因不懂沟通而与机会失之交臂的话,那么就翻开此书,让它给你一个改变命运的绝佳契机——学习最受欢迎的沟通艺术,不让你的人生输在沟通上!

目录

上篇
沟通，那些你必须了解的智慧

第一章 赢在沟通——不懂沟通，你就输了

　　一、感受沟通的力量 / 3

　　二、为什么你的表现如此糟糕 / 7

　　三、事半功倍，你必须掌握的沟通要素 / 10

　　四、测测你的沟通能力 / 13

第二章 成也沟通，败也沟通——祸从口出，小心沟通禁忌

　　一、谨慎说话，避免祸从口出 / 19

　　二、毫无意义的争论，赢了又能如何 / 22

　　三、揭人短处，伤人伤己 / 25

　　四、莫在他人背后讲是非 / 28

　　五、说话要留余地，切勿口无遮拦 / 31

　　六、玩笑别太过，幽默要有度 / 34

　　七、喋喋不休往往适得其反 / 37

第三章 知己知彼，成就有效沟通——知道对手在想什么，你已经赢了一半

　　一、话外之音，你听懂了吗 / 43

二、说话方式也能透露个性 / 47

三、通过口头禅探究 TA 内心世界的秘密 / 50

四、不要忽视身体的"语言" / 53

五、察言观色，掌握对方心理 / 56

六、问题提对了，事情就成功一半 / 59

第四章 场景千变万化，沟通也要随机应变——让沟通"多面手"更吃香

一、"话随境迁"，看场合说话的技巧 / 65

二、因人而异，看人说话的艺术 / 68

三、注意分寸，酒宴上切莫乱讲话 / 72

四、办公室里的沟通讲究多 / 75

五、赢取一份好工作，从愉快的面试沟通开始 / 78

六、批评他人请注意场合 / 82

七、如何恰到好处地提出建议 / 85

中篇

沟通，那些你必须知道的技巧

第五章 恰到好处的态度——打造个人魅力，为自己多赢几分

一、"独角戏"永远不如"对手戏"精彩 / 91

二、勇敢地承认错误也是一种魅力 / 94

三、换位思考，让沟通豁然开朗 / 97

四、用"知识"武装自己，适时积累谈资 / 100

五、真诚的态度最动人心弦 / 103

六、谦和有礼，拉近彼此距离 / 106

第六章 与人为善的力量——将心比心，才能更得人心

一、给他人留面子，自己才有面子 / 111

二、面对失意者，请把"得意"留给自己 / 114

三、切忌，不可厚此薄彼 / 116

四、得理不饶人，有失君子风度 / 118

五、多一点体谅，多一分收获 / 121

六、友好，从真诚的鼓励开始 / 124

七、宽容大度，学会给对方台阶下 / 127

第七章 风趣幽默的艺术——让别人快乐，自己也会快乐

一、自嘲，释放你的善意 / 133

二、诙谐幽默是治愈尴尬气氛的良药 / 136

三、假装糊涂彰显幽默的智慧 / 139

四、安慰他人，大可以幽默一把 / 141

五、幽默地回击对方，才能赢得漂亮 / 143

六、让拒绝幽默起来 / 145

第八章 赞美他人的风度——想要好机会和好运气，先学会说好话吧

一、源自内心的真诚赞美最可贵 / 151

二、要真诚赞美，不要假意奉承 / 154

三、背后赞美的力量 / 157

四、点到为止，赞美也要把握好分寸 / 160

五、把赞美的话说到对方心坎里 / 163

六、想要脱颖而出，赞美就要别具一格 / 165

第九章 赢得他人赞同的秘诀——多一个支持者，就多一份希望

一、真诚地倾听是对他人最大的尊重 / 171

二、指责的话，不要轻易说出口 / 174

三、善解人意，谈论对方感兴趣的话题 / 177

四、巧妙委婉地指出对方错误 / 180

五、言多必失，适时选择沉默 / 183

六、建议比命令更容易被接受 / 186

下篇

沟通，那些你必须掌握的关键

第十章 如何对别人说"NO"——有理有据，不卑不亢

一、灵活掌握向对方说"不"的学问 / 191

二、婉拒，给对方应有的体面 / 194

三、顾左右而言他，转移注意力 / 197

四、给对方一点暗示，让他主动放弃 / 200

五、给对方一个可以接受的理由 / 203

六、对领导说"不"的讲究 / 206

第十一章 如何向别人求助——以心换心，四两拨千斤

一、话说对了，事就成了 / 211

二、人同此心，感情的"共鸣"最有效 / 214

三、诚恳一点，被认同的可能性就大一点 / 217

四、出其不意，巧妙释放出求助信号 / 220

五、提出底线以上的要求，不要强人所难 / 223

六、不妨试试"软磨硬泡" / 225

第十二章 如何说服一个人——以情动人，以理服人

一、智慧巧妙地表达，提升你的说服力 / 231

二、抓住关键，把话说到点子上 / 234

三、感同身受，现身说法效果更好 / 238

四、别急着否定，试着配合对方的步调 / 241

五、循序渐进，引导对方得出结论 / 244

六、声东击西，隐藏真实意图 / 248

第十三章 如何与人谈判——或藏或露，或直或曲

一、一动不如一静，耐心等待机会 / 255

二、抓住时机，尽快打破僵局 / 259

三、迂回突击，打乱对方逻辑 / 262

四、紧要关头，给对方一点"甜头" / 264

五、实施刺激，给对方一点动力 / 267

六、创造良好环境，在友好气氛中谈事 / 271

第十四章 如何征服面试官——分寸恰当，灵活机动

一、大方得体，勇敢介绍自己 / 277

二、放轻松，灵活自如地应对问题 / 280

三、要谦虚，但不要过分谦虚 / 283

四、女性求职，轻松化解敏感问题 / 286

五、把话想清楚了再出口 / 289

附录：你不得不知的非语言沟通 / 291

上 篇
沟通，那些你必须了解的智慧

第一章
赢在沟通——不懂沟通，你就输了

一、感受沟通的力量

人际交往需要沟通，化解矛盾需要沟通，售卖商品需要沟通，交朋友谈感情同样需要沟通。可以说，人生无处不需要沟通。智慧的沟通，可以化解难题；幽默的沟通，可以打破尴尬气氛；巧妙的沟通，可以把普通商品变成紧俏商品。

《圣经·旧约》上说，人类的祖先最初讲的是同一种语言。他们在底格里斯河和幼发拉底河之间，发现了一块异常肥沃的土地，于是就在那里定居下来，修起城池，建造起了繁华的巴比伦城。后来，他们的日子越过越好，人们为自己的业绩感到骄傲，他们决定在巴比伦修一座通天的高塔，来传颂自己的赫赫威名，并作为集合全天下弟兄的标记，以免分散。因为大家语言相通，同心协力，阶梯式的通天塔修建得非常顺利，很快就高耸云霄。上帝耶和华得知此事，立即从天国下凡视察。上帝一看，又惊又怒，因为上帝是不允许凡人达到自己的高度的。他看到人们这样统一强大，心想，人们讲同样的语言，就能建起这样的巨塔，日后还有什么办不成的事情呢？于是，上帝决定让人世间的语言发生混乱，使人们互相言语不通。人们各自操起不同的语言，感情无法交流，思想很难统一，就难免出现互相猜疑，各执己见，争吵斗，这就是人类之间误解的开始。修造工程因语言纷争而停止，人类的力量消失了，通天塔也就半途而废了。

沟通不仅可以帮助人们找到机会，收获最大的成功，同时，沟通还可以铸就团结的力量，让人们通过互相协作，取得非凡的成就。相反，如果人与人之间失去了沟通的基础，没有沟通作为桥梁，人们就只能在矛盾与冲突中失去更多。

检验员小马在检验时检出班组员工小艾生产的产品有重大质量缺陷，按规定应启动报告程序，由质量、技术、设计等部门联合确认该产品是否报废或返工。

由于检验员小马平时与小艾关系不错，便偷偷将此事压下来了。本来这个事情"人不知鬼不觉"，可是竟然遭到知情人小菲匿名举报。

公司立即组织调查，果然发现举报属实，就对产品重新评审，最终作出"报废"处置，对相关责任人作出严厉处罚：检验员小马罚款一千元，降一级，调离检验员岗位；操作工小艾不按操作规程作业，造成重大损失，还涉嫌弄虚作假，罚款一千元。这个事情在员工中造成很大影响，惩戒了违规行为，也为其他员工树立了典型，教育了员工。

可是，意外的情况又发生了！小艾和小马发现是小菲举报的，竟然在大庭广众之下联合找到小菲，三人发生了口角。

事实上，小菲的行为客观上促进了制度的执行，给公司防范质量隐患是有正向作用的，所以主管在这件事情上面应坚决维护小菲的正当行为，肯定和表扬小菲，鼓励她以后发生类似的事件仍然要举报。当然，主管对三位员工的关系还是要积极协调，争取最终化解他们存在的矛盾才能最终消除隐患。

沟通的力量，可以帮助人们获得团队协作的巨大能量，没有沟通，也就没有合作。我们都知道一根筷子很容易被折断，而很多根筷子在一起时，才不容易折断。沟通就是人们团结在一起的最佳黏合剂，只有通过沟通的力量，人与人之间才能形成有效的合作，才能形成让上帝都惧怕的力量。

其实，沟通不仅可以让人与人之间形成相互协作的力量，化解彼此间的冲突。有时候，巧妙的沟通还可以改变一个人的命运。

在美国一个乡村，有一个非常贫穷的老头，老头有个儿子与他相依为命。有一天，一个人跑来和老头说："尊敬的老人家，我想把您的儿子带到城里去工作。"老头非常气愤地说："不行，我绝对不允许，你快点儿走吧。"这个人说："如果我在城里给您儿子找个对象，您会同意吗？"老头依然摇头拒绝。这个人又说："如果您让我带你儿子走，我保证让洛克·菲勒的女儿嫁给您儿子。"这次，老头被"洛克·菲勒女婿"的诱惑打动了，于是答应了这个人的请求。

这个人回到城里，找到石油大亨洛克·菲勒，并对他说："尊敬的洛克·菲勒先生，我为您的女儿找了一个不错的对象。"洛克·菲勒非常不耐烦地说："你立刻给我滚出去！"这个人又说："我给您女儿介绍的人是世界银行副总裁。"同样，洛克·菲勒也被"世界银行副总裁"的诱惑打动了，于是他也答应了这个人。

最后，这个人又找到世界银行的总裁，对他说："尊敬的总裁先生，我想为您推荐一位副总裁，而且您必须立刻聘请他。"总裁觉得他很无礼，要求他立刻离开。这个人又说："如果这个人是洛克·菲勒的女婿，您愿意吗？"世界银行总裁想了想，同意了他的要求。

就这样，在这个人的巧妙沟通下，一个乡村穷小子，不但成了洛克·菲勒的女婿，而且还成了世界银行的副总裁。

沟通的力量是无形的，同时，沟通的力量也是无限的。在与人交往中，当我们换个角度去沟通时，就会得到完全不一样的结果。所以，无论你的身份如何，无论你的地位如何，依靠沟通的力量，你都可以获得成功，赢得好评，如果你懂得巧妙地应用沟通的力量，你还有机会改写自己的人生轨迹。

沟通的智慧

生活中缺少沟通，就没有快乐；事业中缺少沟通，就没有成功；工作中缺少沟通，就没有团队协作；管理中缺少沟通，就谈不上进步上升。所以，我们一定不能让自己因为不懂沟通，而失去掌控人生的力量。

二、为什么你的表现如此糟糕

有时候你明明心里想要拒绝，可嘴上却一直在说可以；有时候你其实思路很清晰，但说出的话却词不达意；有时候你觉得应该强势回击，最后却只能软弱地表示服从；有时候你会因为控制不好自己的情绪，把一场气氛良好的沟通搞得尴尬不已。事后，你会一直懊恼不已，责问自己：为什么要那么讲话？为什么要用那个词语？你甚至会埋怨自己：我怎么表现得那么糟糕！

事实上，这些言不由衷或者词不达意的表现，都是因为在沟通的过程中，某些因素制约着我们的表现。

比如，我们的身体构造。当你面对一场重要的沟通时，提出了一个自认为很有创意的观点，但某些人却对此嗤之以鼻，甚至还把你的观点贬得一文不值。此时，你感到很愤怒，接着身体中的肾上腺素也开始飙升，而这是你完全无法控制的。更要命的是，你的大脑开始对血液进行分流，它将更多的血液分配给了四肢肌肉，而分配给大脑用来管理思维的血液开始变少。所以，当沟通变得艰难曲折时，你很可能会退化成一只激动得挥舞手臂，甚至哇哇大叫的猴子。所以说，身体构造因素有时候会让我们与他人的沟通变成一场闹剧。

除了身体构造的影响，沟通也会因无形的压力而变得混乱不已。

沟通就像空气，无处不在。也因此，我们常常会被迫临时处理一些棘手的事情，没有事先通知，没有提前准备，甚至不知道要面对什么样的人。

当面对这种复杂的状态时，即使你专心致志地想要把沟通做好，你还是会因为不认识沟通对象，不清楚别人聊的话题而感到紧张，从而感受到无形之中的压力。这个时候，你所说的一些话或者做的一些事，事后都会觉得自己愚蠢至极。其实，这并不奇怪，当时你的大脑因为受到了压力所以表现欠佳。

实际上，沟通就像一场未知的旅行，在旅行中遇到点儿小意外总是难免的，在沟通中经过几次失败很正常。重要的是，在经过几次毫无准备的沟通之后，你就会对可能要发生的事情做一些准备。比如，你想要和老板谈升职加薪的时候，总要事先在脑海中演练几个不同场景：

如果老板认同你的想法，对你的付出与努力表示赞许，就会痛痛快快同意你的要求，而你也会真诚地表示感谢；

如果老板觉得你的要求不合理，直接拒绝，你就要准备好劝说其同意的理由；

如果老板和你打太极，让你好好努力，一定会有机会升职加薪，那你就要准备好如何巧妙地表达自己的立场。

当然，这并不是说，你做好应对不同情况的准备就一定能够成功。但是，你去做了，总能改变一些目前糟糕的境遇。就算你无能为力，也不用感到沮丧。毕竟，我们处在一个未知的环境中，能做的就是尽量克服压力所带来的负面影响，尽可能地展现出最好的自己。另外，别因为一两次的失败，就变成一个拒绝沟通、抵触沟通，甚至不懂沟通的人。

沟通的智慧

生活中，我们总会因为这样或那样的原因，在沟通中表现得很糟糕。首先，我们应该认识到这种糟糕表现也许并不是你沟通能力差，而是受到了环境、情绪，甚至沟通对象等众多因素的影响；其次，即使出现了糟糕的表现，也不要自暴自弃，而是要总结经验，争取在下一次与人沟通时表现得更好。

三、事半功倍，你必须掌握的沟通要素

第一种沟通：

"你这孩子怎么这么笨啊，一道算术题都算不对……"

"算不对又怎么了，大不了我不算了！"

第二种沟通：

"你这次数学成绩还不错，就错了一道题而已……"

"下次我会努力，争取一道题都不错！"

同样是在沟通，不同的话语，达到的效果却大相径庭。因此，我们也应该意识到，话要怎么说，才能形成良好的沟通？

在很多人看来，沟通就是彼此之间的交流。这种看法对，但并不全面。如果你对沟通的认识只停留在这个层面上，那么你注定无法成为沟通交流的高手。而如果你想要在人际沟通中表现得优秀、出色，就一定要了解沟通的六大要素——场景、沟通发出者、信息、沟通接受者、途径、反馈。

1. 场景

沟通场景是指互动发生的场所或环境，它影响着沟通的每一个要素以及整个沟通过程。也就是说，场景的好坏直接影响着双方沟通的质量，比如在沟通中，一个人所用的语词、语气和表情等也会随着场景的不同而发生改变。

2. 沟通发出者

有效的沟通前，沟通发起者应明确需要沟通的信息，并将它们转化为信息接受者可以接受的形式，如：文字、语言、表情等。沟通的准备过程，实际上是沟通发起者整理思路，对自己身心状态明确化的过程。很多沟通发起者由于没有意识到沟通前准备的重要性，没有认真做好准备，以致于自己在沟通中出现思路不清、沟通目的不明确、沟通对象不匹配等问题，最终导致沟通失败。

3. 信息

信息是沟通发起者试图传达给他人的观点和情感。个体的感受要为他人所接受，就必须将它们转化为各种不同的、可以为他人觉察的信号，如：语言、文字、表情等。信息的充分与否将直接影响沟通的质量。如在企业中，最常见的就是会议的议题信息不足，或是提供了一堆不准确的数据，从而使接受者无法看到相关信息的价值所在。

4. 信息接受者

信息接受者在接受带有信息的各种信号后，会根据自己已有的经验，把它"转译"为沟通发起者试图发送的信息、态度、情感。由于沟通发起者和信息接受者是两个有着不同经验的主体，所以沟通发起者发送的信息内容，与信息接受者"转译"和理解后的信息内容是有差异的，甚至出现"南辕北辙"的状况。而沟通的质量，就取决于这种差异的大小。

5. 途径

途径是指信息由一个人传递到另一个人所通过的渠道，也就是信息传递的手段。如视觉、听觉和触觉等，这些途径可同时使用，亦可以单独使用。但同时使用效果会更好些。如一段录音电话与幼儿园老师集动作、声音、表情、手势一起配合相比，效果显然后者更好一些。

6. 反馈

反馈是指信息由接收者回馈给信息发出者的一个过程，即信息接收者对信息发出者的反应。反馈可以提示沟通发起者，信息接受者所接受和理解信息的状态。

此外，反馈也可能来自沟通发起者自身，个体可以从发送信息的过程或已经发送的信息中获得反馈。通过信息接受者的反馈，沟通发起者可以改变自己的沟通方式、沟通风格，甚至改变沟通时间，以取得更好的沟通成效。

沟通的智慧

沟通的方式有很多，如：正式沟通与非正式沟通，上行沟通、平行沟通和下行沟通，口头沟通与书面沟通，现实沟通与虚拟沟通等。不管采用何种沟通方式，以上六个要素都是存在的。也只有在每次沟通的每个环节中做好分析和控制，才能更好地达到沟通目的。

四、测测你的沟通能力

在生活中，有些人虽然能言善辩，但却并不讨人喜欢，而有些人虽然话不多，但与之相处却很舒服。这恰好说明会说话并不等于会沟通。事实上，我们每个人都有与人沟通的独特方式，而有时候会导致与人沟通不顺利，恰恰是因为我们对自己的不了解。

因此，想要成为一个受人欢迎、受人爱戴的沟通高手，首先要清楚自己的水平，然后才能有针对性地提高沟通技巧与能力。一般来说，我们可以通过一个有效的自我测试来确定自己的优势与劣势。之后，就可以根据测试结果进行有针对性的练习。

接下来我们可以通过一组测试，来看看自己的沟通能力究竟处于何种水平吧！

1. 你上司的上司邀请你共进午餐，回到办公室后，上司对此颇为好奇，此时你会：

　　A. 告诉他详细内容

　　B. 粗略描述，淡化内容的重要性

　　C. 不透露蛛丝马迹

2. 当你主持会议时，有一位下属一直以不相干的问题干扰会议，此时你会：

A. 告诉该下属在预定的议程结束之前，先别提出其他问题

B. 要求所有的下属先别提出问题，直到你把正题讲完

C. 纵容下去

3. 当你跟上司正在讨论事情，有人打长途电话来找你，此时你会：

A. 告诉对方你正在讨论重要的事情，待会儿再回电话

B. 接电话，该说多久就说多久

C. 挂掉电话

4. 有位员工在一周内四次提出想提早下班，此时你会说：

A. 你对我们相当重要，我需要你的帮助，特别是在周末

B. 今天不行，下午四点钟我要开个会

C. 我不能再容许你早退了，你要顾及他人的想法

5. 你刚好被聘为部门主管，你知道还有几个人在关注这个职位，上班的第一天，你会：

A. 立即投入工作，并开始认识每一个人

B. 忽略这个问题，并认为情绪的波动很快会过去

C. 找个别人谈话，以确认哪几个人有意竞争此职位

6. 有位下属对你说："有件事我本不应该告诉你的，但你有没有听说……"你会说：

A. 谢谢你告诉我怎么回事，让我知道详情

B. 跟公司有关的事我才有兴趣听

C. 我不想听办公室的流言蜚语

7. 你认为自己的文字和口头表达能力强吗？

A. 强　　　　　　B. 一般　　　　　　C. 很差

8. 你能很好地运用肢体语言表达你的意思吗？

A. 可以　　　　　　　B. 一般　　　　　　　C. 很差

9. 你能很容易地认识一个陌生人吗？

A. 可以　　　　　　　B. 有时　　　　　　　C. 不能

10. 你能影响别人接受你的观点吗？

A. 可以　　　　　　　B. 有时　　　　　　　C. 不能

11. 与人交谈时，你能注意到对方所表达的情感吗？

A. 能　　　　　　　　B. 有时　　　　　　　C. 不能

12. 你是否能用简单的语言来表述复杂的意思？

A. 能　　　　　　　　B. 一般　　　　　　　C. 不能

13. 朋友评价你是个值得信赖的人吗？

A. 是　　　　　　　　B. 一般　　　　　　　C. 不是

14. 你能积极引导别人把想法准确地表达出来吗？

A. 能　　　　　　　　B. 有时　　　　　　　C. 不能

15. 你是否是一个善于听取别人的意见，而不将自己的意见强加于人的人？

A. 是　　　　　　　　B. 不一定　　　　　　C. 不是

测试标准：

选择A得2分，选择B得1分，选择C得0分，然后将各题所得的分数相加。

测试结果：

总得分为22—30分，沟通能力很强，是沟通高手，口头表达能力强，说话简明扼要，很容易让对方接受你的观点。

总得分为15—21分，沟通能力中等，你的沟通能力发挥得不稳定，有时会引起沟通障碍。要想提升自己的沟通能力，就要努力锻炼。

总得分为14分及以下，沟通能力差，想要表达的意思常常被别人误解，给别人留下不好的印象，甚至无意中对别人造成伤害。

这组测试题选择了我们经常会遇到的、比较难以应付的、比较尴尬的场景。通过测试，可以知道你是否能正确处理这些问题，且能反映出你是否了解正确沟通的知识、概念和技能。虽然测试问题看起来简单，但却能帮我们找到沟通失败的多种因素。所以，如果你的分数偏低，就该好好处理人际关系中的问题了。

沟通的智慧

良好的沟通能力是处理好人际关系的关键。具有良好的沟通能力，可以使你很好地表达自己的思想和情感，获得别人的理解和支持，从而与他人保持一个良好的关系。而沟通技巧较差的个体常常会被别人误解，给别人留下不好的印象，甚至无意中对别人造成伤害。

> 上 篇
> 沟通，那些你必须了解的智慧

第二章
成也沟通，败也沟通——祸从口出，小心沟通禁忌

一、谨慎说话，避免祸从口出

中国有句古话说："君子慎言，祸从口出。"这句话的意思是，作为一个君子，不要轻易对事情妄加评价，有些话能不说就不要说。话说多了或者说过了，很容易引起误会，引发不必要的争端。

很多人觉得说话就应该随意自然，但事实上，有些话对于别人来说很可能就是一种困扰，甚至是一种伤害。所以，在沟通的时候，我们一定要三思而行，千万别做一个说话不经大脑的冒失鬼。

有一个人宴请朋友，四个朋友中有三个先来了，主人等得有些焦急，忍不住说："唉，该来的怎么还没来。"

虽然说话的声音很小，但有个朋友听到了，他心想："我是不是那个不该来的呢？"于是，他起身告辞走了。

主人一着急又大声说："不该走的走了。"

又一个朋友不高兴地说："难道我是那个赖着不走的人啊？"说罢，也起身离开了。

此时，主人有些哭笑不得，对留下的朋友说："他们都误会了，其实我没让他们走……"主人的话还没说完，剩下的那个朋友也扭头走掉了。

言者无心，听者有意，这是永远不会变的道理。我们在与人沟通的时候，一定要正确把握言论，做到谨慎小心，千万不要因为一时着急而说错话得罪人。

俄国沙皇尼古拉一世登基之后，国内爆发了一场自由分子领导的叛乱，这些人要求俄国现代化，希望俄国的工业和国家建设一定要赶上欧洲其他国家。尼古拉一世迅速镇压了这次叛乱，同时将其中的一位领袖李烈耶夫判处死刑。

行刑当天，李烈耶夫站在绞手台上。当绞刑开始时，李烈耶夫痛苦得挣扎一会儿之后，绳索竟然断裂了，而他也重重地摔倒在地。出现这种情况，在当时被看作是上天恩宠的征兆，犯人一般都会得到赦免。可李烈耶夫站起身来，在确定自己保住了脑袋后却向着人群大喊："你们看，俄国的工业就是这么差劲，他们不懂得如何做好任何事情，甚至连制造绳索都不会！"

接着，一名信使前往宫殿向沙皇报告绞刑失败的消息。虽然气愤于这突如其来的变化，尼古拉一世还是打算提笔签署赦免令。

"事情发生之后，李列耶夫有没有说什么？"尼古拉一世询问信使。

"陛下，"信使回答，"他说俄国的工业这么差劲，他们甚至不懂得如何制造绳索。"

"这种情况下，"沙皇说，"那就让我们来证明事实与之相反吧。"于是，他撕毁了赦免令。

第二天，李列耶夫再度被推上绞刑台。这一次，绳索没有断。

如果想要在言语上逞强或者征服别人，那就避免多说话。因为说的话越多，出现差错的可能性也就越大。就像故事中的李列耶夫一样，原本他是可以逃脱一死的，但就因为他一时说错了话，从而让自己丢掉了性命。由此可见，在遇到重大事件或与人沟通时，一定要懂得控制自己的言语，尤其是不要讥讽他人，因为从刺激他人的话语中所得到满足感远远不及由此引发的灾祸。

沟通的智慧

"三思而后行"出自《论语》,这句话告诉我们要养成做事前多思考的好习惯。同样的道理,说话沟通也应该如此。当你在与人交往的过程中,不要不经大脑就说话,一定要经过深思熟虑才可以讲话。俗话说:"说话如泼出去的水一样,是收不回来。"话可以说,但绝对不能乱说。

二、毫无意义的争论，赢了又能如何

在生活中，人们对某件事情发表意见的时候，更多的是想知道他人对这件事的看法是否与自己相同。此时，如果谈话双方的意见一致，他们会感到一种巨大的满足感与成就感；如果发现意见不同，存在差异，就会觉得自己的言论不被尊重，从而引起一场辩论，甚至破坏了双方的情绪。

此时，你有没有想过，这样毫无意义的争论，即便你赢了又如何呢。

在一座小村庄里，生活着以打猎为生的两兄弟。

一天早上，一群大雁从兄弟二人头上飞过，于是，他们决定射下一只大雁来充饥。哥哥说："我要把大雁射下来就煮着吃。"

弟弟说："再好的东西，一煮还有什么味道呢？要我说，只有用火烤才好吃。"

哥哥不以为然，大声争辩道："你这话不对，大雁就该煮了吃。烤了吃，烟熏火燎的，能有什么好味道？"

弟弟很不服气地说："鸭子不是就可以烤了吃？皮香肉嫩，味道多美呀！为什么大雁就不行呢？"

兄弟俩争论不休，谁也说服不了谁。这时，有个老人经过这里，兄弟俩就找他评理。老人觉得他俩说的都有一定的道理，就建议说："你们把大雁剖开，煮一半，烤一半，不就两全其美了吗？"

对此，兄弟俩都很满意，谁也不再说什么。可是，等他们抬头一看，大雁早已飞得无影无踪了。

在生活中，我们常会遇到这样的情况：一场争论结束之后，那些参与争论的人，一般还是会坚持自己的看法，始终相信自己的观点才是正确的。

可是，即使有一方赢得了争论的胜利，结果又能怎样呢？你会让对方感到自卑，甚至会伤害对方的自尊。而对方也只会对你的"坚持"，表示不满与不服气。

人心都是好胜的，如果我们硬要争出个子丑寅卯、胜负成败的话，事情最终很可能以失败告终。卡耐基曾经说过这样一句话："天下只有一种方法能得到争论的最大利益，那就是避免争论。"有些人天生喜欢争论，甚至还常常在争论中获得胜利，但是，这样的胜利却是空洞且毫无意义的。而且，你很可能成为别人眼中好斗的公鸡，就此失去人们对你的好感。

19世纪时，美国有一位青年军官个性好强，总爱与人争辩，经常和同僚发生激烈的争执。后来，林肯总统处分了这位军官，并说了一段深具哲理的话：

"凡是成功之人，必不偏执于个人成见，更无法承受其后果。这包括了个性的缺憾与自制力的缺乏。与其为争路而被狗咬，毋宁让路于狗。因为即使将狗杀死，也不能治好被咬的伤口。"

那么，我们要如何避免毫无意义的争论呢？

第一，你要思考：即使最终获得争论的胜利，又有什么意义？事实上，没有任何意义的争论，根本不需浪费口舌，一笑置之才是最明智的选择。同样，当你向别人发起"挑战"的时候，一定要选择有价值的话题，且不要在细节琐事上耗费时间。

第二，你要思考：争论是理性的还是感性的？争论的实质是探求真理，所以它应该是理性的。但很多时候，人与人的争论常常是因为虚荣与面子，而这是与探求真理背道而驰的。因此，遇到非理智的争论，选择一笑而过吧。

　　第三，你要思考：争论的对方是友善的还是敌意的？如果对方对你有成见且充满挑战的意味，那么你最好不要"火上浇油"。同样，如果你也是出于这样一种心态，那就尽量打住吧！因为，不良情绪注定了你会失败。

沟通的智慧

　　美国前财政部长威廉·麦克阿杜曾以多年的从政经验告诉他人一个重要的道理："你不可能用辩论击败无知的人。"每当我们要与人争辩前，不妨先考虑一下，我到底要的是什么？一个是毫无意义的"表面胜利"，一个是对方的好感。这两件事就如孟子所说的，鱼与熊掌不可兼得。那么，你需要的是什么呢？

三、揭人短处，伤人伤己

古语有云："与人善言，暖于布帛；伤人之言，深于矛戟。"一句表达善意的话，可让他人感到温暖与愉悦，而一句恶毒讥讽的话，就像武器一样给人带来巨大伤害。在与人沟通的过程中，如果你想要赢得更多的朋友，那就谨记，说话一定要讲口德，千万不可揭人短处。

《韩非子·说难》中对于龙有这样一段描述："龙生性柔顺，喜与人亲近，甚至可以将其当作坐骑。然，龙颚下长有一尺余长的逆鳞，一旦有人触及，必勃然大怒，以致伤人性命。"在传说中，龙虽温和可亲，但是也有自己的禁忌。同样的道理，在生活中，无论一个人的性格脾气有多温和，也都无法忍受被人无情地揭露短处。

俗话说"打人不打脸，骂人不揭短"，任何人都不愿意被人攻击短处。因此，如果不分场合，一味地说别人的短处，不仅会让沟通的气氛变得尴尬不已，甚至还会引来不必要的麻烦。

朱元璋在做了皇帝之后，有一个儿时的伙伴到京城找他，想谋个一官半职。

等他进了皇宫后，当着文武百官的面大叫起来："哎呀，朱老四，你当了皇帝可真威风呀！还认得我吗？咱俩可是光着屁股一块儿长大的啊！那时候，你干的坏事总是让我替你挨打。记得有一次，咱俩一块儿偷别人的鱼，还背着大人用破瓦罐煮,没想到鱼还没有煮熟,你就先抢来吃,结果还把瓦罐打烂了。当时你吃得太急,鱼刺卡在喉咙里,还是我帮你弄出来的呢。你都还记得吧?"

这一席话让朱元璋按捺不住了,他心想:此人太不识趣了,居然当着文武百官的面揭我的短,让我这个皇帝的脸往哪里儿搁啊!可是儿时的伙伴并没有在意,仍然在那里喋喋不休。于是,朱元璋在盛怒之下,下令把这个儿时的伙伴杀掉了。

这就是揭人之短的下场。

每个人都有自己不同的成长经历,都有自己的缺点、弱点,这些不愿被提及的"伤疤",很多人都会选择隐藏或者回避。一旦短处被别人击中,就是一件让人痛苦的事。尤其是当人们身体上有缺陷的时候,千万不能以此作为攻击对方的武器。因为,这是对他人的不尊重,只会让自己看起来极其没有教养。

春秋时期,齐国的宰相晏子是个矮子。有一次,晏子到楚国去出访。楚国的国君故意以晏子的矮耍笑一番,还吩咐只开大门旁的小门。晏子一看,便看穿了楚王的心思。随即,晏子说道:"只有出使狗国的人,才从狗洞中进去。今天我出使的是楚国,不应该从此门入城吧?"

楚国的国君本想羞辱晏子,不承想却被晏子羞辱了一番。在与人沟通的过程中,我们也应以此为鉴,尽可能避谈对方的短处。如果老是把眼光盯在别人的弱点上,在沟通交流中总是将别人的弱点当成攻击对象,那么,这只会让别人拒绝与你交往,甚至一遇到你,就躲着你。此外,如果总是攻击别人的短处,别人也对你进行反攻,揭露你的短处,这样势必造成互相揭短、互相嘲笑的局面,进而发展到互相仇视。如此一来,你的人际关系网势必会破裂,别人对你的评价绝好不到哪里去。

沟通的智慧

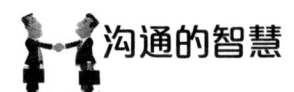

人之所以不愿被他人揭短,是因为自身的短处代表着伤痛,意味着不好的感受和回忆。从一定意义上说,他人的短处就是不愿被人谈论的隐私。而对于他人的隐私,每一个人都有绝对尊重和保密的义务,而没有泄露的权利。因此,切勿揭他人短处,这只会伤人伤己。

四、莫在他人背后讲是非

好奇心是人类的天性，在生活或工作中，我们经常会看到三五成群的"小伙伴"围在一起谈论别人的事情。虽然人人都喜欢八卦，但八卦也要讲分寸。如果躲在他人背后说三道四，乱讲是非，那结果很可能是给自己招惹是非。

一家大型的企业正准备提拔一名副总经理，大家都觉得大卫是最合适的人选。因为他不仅工作能力强，工作经验也十分丰富，而且在公司的员工中也非常有威望。然而，最终大卫与副总经理之位失之交臂。对此，大家都表示疑惑，为什么被提拔的人不是大卫？大卫也觉得很郁闷和委屈，还一直问自己的问题究竟出在哪里？

后来，总经理助理无意中透漏了大卫落选的原因。原来，有次大卫在和同事闲聊的时候，无意中说起总经理的夫人长相难看，而且为人刻薄。没想到，这番话就被人悄悄告诉了总经理。从那以后，总经理就对大卫心生不满，认为他不是一个值得被提拔的人。成大事者，不应把心思放在无聊的八卦上。

就这样，大卫因在背后讲他人是非，付出了惨痛的代价。实际上，在背后议论他人是非，既谈不上"交流"也算不得"分享"，可以说，这是一个极其不好的坏习惯。相信很多人都玩过"传话游戏"，大家围坐在一起，一个人低声给旁边的人说一句话，一直重复，直到传完一圈，最后一个人说出的结果往往已经不是最初的那句。

所以说，在别人背后议论是非，不仅会让我们远离真相，还会因传话中的误会而造成更多的误会或麻烦。如果我们拒绝加入在背后说他人是非的"小圈子"，那么，我们将会赢得更多信任。而信任则会让你在之后的沟通中变得更容易、更顺畅。

苏珊是一个从不在背后说别人坏话的聪明人，而她的同事小安和小娜就不一样了。小安和小娜相处得不怎么愉快，两个人虽然平时见面都装着一副无所谓的样子，但只要一分开，就会向第三者倾诉，说对方的缺点，说自己的委屈。当然，这些话语中存在着一定的水分。

由于在一个小组，苏珊就成了她们双方发泄的汇集点，而苏珊也已经知道她们之间的一切。所以，当小安对苏珊说小娜的坏话时，苏珊会尽可能地保持沉默，并在适当的时候加进一两句劝导的话，不对小娜做任何评语；当小娜对苏珊说小安的坏话时，苏珊也同样不对小安做任何评语，且会在适当的时候对小娜劝导几句。此外，苏珊还做到了一点：无论是小安说的还是小娜说的，她都让它们到自己这里打住，再不外传。

一段时间过后，当小安和小娜冷静下来了。再回想起在苏珊面前所说的那些话，她们反而开始意识到自己的问题了。这都是因为苏珊处理得当的原因，才没有让她们之间的矛盾进一步激化。

后来，小安和小娜二人都觉得苏珊是一个值得信任的人，并对她的帮助感激不尽。

在生活或者工作中，大部分矛盾都是因为乱讲他人是非而起的。其实，很多事情原本很简单，但就是因为有些人在背后搬弄是非，让事情变得复杂、混乱。而这样。也只会给自己或他人带来更多的痛苦和麻烦。事实上，当你在第三者面前将别人说得一无是处的时候，你自己的形象同样也会一落千丈。所以，不在他人背后讲是非，才是一个人教养与品格的体现。

沟通的智慧

如果我们不能为别人说好话，那就什么都别说。因为我们在别人背后说坏话的时候，只会让自己充满负能量。此外，在他人背后说是非，还有可能让我们远离幸福感。如果你因为某人某事有困扰，想要发泄，可以直接和对方交流沟通，而不是去找其他人谈论。这样不仅无法解决自己的烦恼，还会影响他人的心情，甚至会让被吐槽的人蒙受"委屈"。因此，与其在他人背后讲是非，不如直接跟对方交流沟通。

五、说话要留余地，切勿口无遮拦

如今，很多人会把说话直爽当作一种优点。可事实上，直爽并不等于言语上的毫无顾忌。如果你打着说话"直来直去"的旗号，口无遮拦、肆无忌惮地与别人对话或者对事件发表意见，甚至对他人进行批评，那么，你很可能成为别人眼中冒失鲁莽、不懂人情世故的讨厌鬼。

小沈是某个国家机关的办公室文员，她性格内向，平时不爱说话。可是只要别人就某件事情征求她的意见时，她就会"语不惊人死不休"。

有一次，同一部门的同事穿了件新衣服，别人都称赞"好看""合适"。可当问到小沈感觉如何时，小沈却毫不客气地回答说："说实话，你的这件衣服虽然很漂亮，但穿在你身上就像给水桶包上了艳丽的布，你实在太胖了，而且这颜色对于你这个年纪的人来说显得太嫩，根本不合适！"

此话一出，原本兴致勃勃的同事尴尬不已，而周围大赞衣服好看的人也很尴尬。事实上，小沈说的话也是真实的，但她这种毫不留情面的说话方式，让不少人都敬而远之。

时间久了，同事们都把小沈排除在集体之外，有什么集体活动也不愿意让她参加。后来，她就成了办公室的"外人"。

当我们与人交谈时，都要在心中提醒自己：给对方台阶下，也是给自己留余地。所谓进可攻，退可守。让自己做到可进可退，虽说不会战无不胜，但也不至于会出现彼此尴尬的境地。古语常说："一人之辩，重于九鼎之宝；三寸之舌，强于百万之师。"这就体现了言谈的重要性，但凡事都有两面性。如果因一时失言，而使自己踏入退无可退的境地，那就糟糕了。

某名人在解释自己为何没有开通博客的时候，说："我是一个不会撒谎的人，写博客不会撒谎就很可怕了。"

这番言论一说出口，就引起了不少博友的反感。有的博友说："看看你做的广告，方便面真的好吃吗？世界本来就没有那么纯洁，可你非把自己标榜成真实的化身，怎能不让人反感？"

另一位博友说："撒谎的博客有，但真实记录人生的博客更多，你不要一下就把话说绝了。平凡人写平凡的人生，草根有草根的娱乐，他们不需要撒谎。而明星写博客是为了扬名，当然需要撒点谎。"

由于在当时引起的风波很大，这位名人也不敢再说什么了。

与人说话不要过于尖酸刻薄，要学会修饰自己的语言。当我们为了某个目的与他人沟通交流时，话就要说得圆润一些。也就是要适当地对要说的话进行修饰，使它圆润一点，不伤人，不损己，给自己留下一定的回旋余地，从而达到谈话的目的。

在生活中，很多不愉快的事情都源于口无遮拦。所以，在沟通的过程中，我们一定不要把话说得太过，说得太满，而是要给人留有余地，给自己留有余地。试想一下，当你听到别人说"事实就是这个样子"时，你会有什么感受？一定是觉得对方说话太绝对，而与对方争辩，或是就此与其疏远吧。

所以，在与人谈话时，与其给别人一个挑刺的借口，不如把话说得委婉一点儿，给自己一个更为广阔的与人沟通的空间。

沟通的智慧

有一些人平时说话口若悬河，该说的、不该说的全都一并说出，也不管听的人是否乐意听。古人云："待人而留有余，不尽之恩礼，则可以维系无厌之人心；御事而留有余，不尽之才智，则可以提防不测之事变。"由此可见，说话要多为自己留余地，不要总是言行如剑，先刺出去，然后再计算后果。与人沟通交流，是助你更快走向成功的捷径，不是让你敌我不分地乱砍乱刺。

六、玩笑别太过，幽默要有度

玩笑是调节人际关系的润滑剂，而玩笑里也包含了许多人生智慧。在与人沟通的时候，适当开玩笑可以调节气氛、增进感情、减少摩擦，但是要注意，玩笑并不是随便就能开的。不知深浅地与他人开玩笑，不仅不能让沟通气氛更轻松愉快，反而会让彼此陷入尴尬的境地。

王强和朱辉是邻居，一直以来关系都很好，在小区里见面时常有说有笑的。

有一天，在回家的路上，王强骑摩托车与一辆轿车发生碰撞，左脚骨折。那段时间，王强只能一瘸一拐地走路。朱辉见后，开玩笑地对他说："你把右脚也撞一下，这样两腿平衡，就不用再一瘸一拐地走路了。"

听到他的话，周围的人皆捧腹大笑，王强也一笑了之。

一个月后，王强觉得自己的左脚有所好转，便又骑着摩托车出门运货。由于货物装得过重过满，在回家的途中，车忽然打滑而失去平衡，向右边倒去，连货带车地砸在了王强的右脚上。于是，他的右脚也骨折了。

由于两次受伤的时间距离较近，人们便对此议论纷纷。王强的老婆愤怒地说："这都是朱辉的诅咒。"对此，王强也表示赞同。从那以后，王强一家再也不与朱辉一家来往了。

就这样，原本和睦和气的邻里关系，被一句玩笑话破坏了。

一个无心的玩笑，最终却演变成这样的结果，相信这是谁都不愿意看到的。可见，在平时的生活中，开玩笑一定不要过火。此外，在职场中也不能随意开玩笑，且开玩笑是有技巧的，比如上级与下级如何开玩笑，男同事与女同事如何开玩笑，老同事与新同事如何开玩笑等。

大鹏在一家广告公司上班，工作三年后，事业稳定了，爱情也有了一个圆满的结果。新婚不到半年，由于心情愉快，生活稳定，大鹏就渐渐胖起来，和婚前的模样有了很大的差别。

一天中午，公司几个同事在一起聊天。一位新来的同事突然对大鹏说："鹏哥，你怎么搞的，年龄不大就胖成这个样子，满脸横肉，身材臃肿，就像一只小肥猪。"说着，还指着大鹏的肚子，发出"啧啧"的声音，大家听后都哈哈大笑起来。

大鹏很是气恼，但又觉得对方只是一句玩笑话，如果发火的话，又显得自己比较小气。可是，这样的玩笑话如果从其他同事嘴里说出来也没什么，但这个同事刚来公司不久，属于职场新人，平时跟大鹏来往得又不多，这样说话大鹏自然难以接受。

从此以后，大鹏就很讨厌这个新同事，工作中也不配合他。更要命的是，新同事完全没有意识到自己犯的错误，后来又开了其他同事的玩笑，为此还得罪了不少人，且工作进展得也很不顺利。几个月后，这位同事就在"冷暴力"下被迫离职了。

凡事都要有"度"，幽默也不例外。在沟通的过程中，一定要切记，有些场合、有些事情、有些人是不能开玩笑的。以下几点，可以供大家参考一下。

第一，不要拿别人的相貌、身材开玩笑，尤其是有身体缺陷的人。拿这些当作笑料的话，是最没有教养的，也是最容易树敌的。

第二，不要拿别人的父母开玩笑。尊重长辈，是中华民族的传统美德。且父母在每一个人的心中都有着不可亵渎的神圣感。如果你去诋毁别人的父母,那势必会给自己招来麻烦,甚至是致命的打击。

第三,不要拿逝者开玩笑。所谓"死者为大",即便你的玩笑再高明,也会让人对你产生反感,甚至厌恶。

第四,不要拿他人的私事开玩笑。无论你与他人的关系如何熟悉,都不要拿他人的私事开玩笑,尤其是绯闻性质、伦理关系、家庭纠纷的私事,更不可以开玩笑。

第五,不要拿女人的年龄开玩笑。无论任何年龄阶段的女人,心中都住着一个长不大的少女。因此,不要用年龄去评判她的所作所为,并嘲弄对方是一个"老阿姨""老少女"。

沟通的智慧

开玩笑之前,先要考虑对方能否接受,不能想到什么就说什么。有的人听后不高兴不会马上发作,但是会记在心里,这对彼此以后的交往必定不利。总之,记住,在沟通中,玩笑只是调剂品。有时,宁可不开玩笑,也不要让别人感到不舒服。

七、喋喋不休往往适得其反

在与人沟通的过程中，当对方表现得不那么热情，或者不那么投入时，你就应该思考问题出在哪里了？一般情况下，当你把简单的东西说得很复杂，或者当你用自己的理解来阐述事情的时候，你的表达就会显得有点儿啰唆，给人一种喋喋不休的感觉。而这种表达方式，只会让你的语言失去感染力和影响力。

汤姆是个十分优秀的年轻小伙，他喜欢上一个名叫玛丽的女孩。为了让玛丽做他的女朋友，汤姆一追就是三年。在这三年时间里，汤姆什么方法都用过：给玛丽送花、带玛丽去看电影、当街求婚、从玛丽的身边人下手……而汤姆的每一次爱情攻击，都会以玛丽的一句怒吼"烦死了，别再来找我"而结束。

伤心欲绝的汤姆，已经不知如何是好了。很多人劝他看开一点儿，"天涯何处无芳草，何必单恋一枝花"。可是固执的汤姆却没有听从朋友们的劝告，还是一门心思地追求他心目中的玛丽。

过了一段时间之后，汤姆受到了更大的伤害：玛丽跟刚刚认识了一个星期的男同事恋爱了，这个消息如同晴天霹雳。让汤姆不明白的是，为什么自己追了三年都没有打动玛丽，而别人只用了不到一个星期就追求成功了呢？

再一次见面的时候，汤姆向玛丽提出了这个问题。玛丽看了看汤姆，一本正经地说道:"和你相处简直太烦了,很多简单的事情,你却总要喋喋不休地讲来讲去。有时候,我感觉你一句话能重复讲上一百遍。我宁愿自己一个人过一辈子,也不要被你烦死!"

此时,汤姆终于明白了自己追求失败的原因:讲话啰唆、喋喋不休……

在沟通过程中的复杂,往往是由于某些人的喋喋不休造成的。其实,任何事情都分重点与非重点。很多人在表达一件事情的时候,总是会有不分轻重缓急的情况,从开始一直到结束,都喋喋不休。实际上,如果谈话没有重点,只有冗长枯燥的陈述,很容易让对方感到不耐烦。因此,我们在沟通的过程中一定要挑重点,而那些无关痛痒的事情就可以一语带过了。

有一次,美国著名幽默作家马克·吐温在教堂里听牧师演讲。最初,他觉得牧师讲得很好,使人感动,便决定捐款。过了十分钟,牧师还没有讲完,他就有些不耐烦了,决定只捐一些零钱。又过了十分钟,牧师还没有讲完,于是他决定一分钱也不捐。到牧师终于结束了冗长的演讲,开始募捐时,马克·吐温不仅未捐钱,还从盘子里偷了两元钱。

很多时候,那些翻来覆去的话语只是对别人耐心的考验,一点儿实际意义都没有。很多人可能都有这样的体验,当别人打着"为了我们好"的旗号,对我们喋喋不休时,我们只想尽快逃离。同样的道理,如果你不想成为让人厌倦得想要远离的人,就一定要避免在沟通中喋喋不休地讲话。

那么,要如何才能避免讲话喋喋不休呢?

第一,不要重复。同样的一件事情,最好只讲一遍。如果一件事情,你反复地来回讲,不仅不会让人觉得这件事情很重要,还会让人感到厌烦。

第二,闭嘴。在人际交往中,对方看重的并不是你怎么去说,而是你怎么去做。因此,我们不妨少说一些,多做一些。特别是一些大话,如果说多了,反而会让别人产生坏印象。

第三，尽量避免在同一件事情上炫耀。在生活中，总有一些人喜欢炫耀自己的某个优势或长处，刚开始的时候我们可能会被对方所吸引，但是如果对方一再地重复炫耀，我们只会厌烦对方，而不会去欣赏对方。试想一下，如果那个炫耀的人是你，别人会怎么去看待你，会怎么和你相处呢？势必只有一种方法：离你远远的。

沟通的智慧

无论是在生活中，还是在工作中，当一个人滔滔不绝地和你讲同一件事情时，你会对这件事情给予更多的关注吗？恰好相反，当他人反复强调一件事情时，我们的逆反心理，反而会让我们想要逃避。所以，在与人沟通中，语言贵精不贵多，只有口才差的人才会整天喋喋不休。与人交谈，最好的沟通就是抓住关键点。把主要意思说到位即可，喋喋不休只会让人觉得烦。

上篇
沟通，那些你必须了解的智慧

第三章
知己知彼，成就有效沟通——知道对手在想什么，你已经赢了一半

一、话外之音，你听懂了吗

俗话说："锣鼓听声，说话听音。"这句话告诉我们，与人沟通时不仅要认真聆听，还要领会说话者的弦外之音和未言之语，即"话外之音"。人们在思考问题和发表意见的时候，往往会受到场合或者形势所限，有时候难免会言不由衷地表达自己的意见。这个时候，你一定不能以为对方跑题了，而是要结合实际的场合来分析对方的言辞，仔细揣摩对方隐藏在字面意思背后的真实想法。

春秋时期，齐国君主齐景公非常喜欢捕鸟，他常常将捕获来的鸟养起来仔细赏玩。为此，他专门派了一个名叫烛雏的人主管捕鸟的事宜。

有一天，齐景公捕获了一只特别漂亮的鸟，他把小鸟交给了烛雏。谁承想，烛雏一不小心让这只漂亮的小鸟飞走了。齐景公在盛怒之下，放言要杀掉烛雏。

此时，相国晏子对齐景公说："烛雏犯了罪，理应受罚。现在请让我来一一列举他的罪状，然后大王按照他所犯的罪过来处罚他吧。"

在得到齐景公的同意之后，晏子开始历数烛雏的罪状："大王派你专门看管鸟，你却粗心大意让鸟飞走，这是第一条罪状；你使大王因为鸟飞走的缘故而杀人，让大王背上好杀人的名声，这是第二条罪状；如果让别的诸侯听到这件事，认为我们的大王把鸟看得比人命还重，势必会坏了大王的威望，这是第三条罪状。"

晏子义正词严地宣布了烛雏的三大罪状后，转身对齐景公说："大王，我的话已经说完了，您现在就处决烛雏吧！"

此时，已经听出晏子话里有话的齐景公，一下子醒悟过来，连忙摆手说："不要杀烛雏了，不要杀烛雏了，寡人在盛怒之下差一点儿就做了错事，多亏爱卿指点。"

就这样，齐景公不仅没有将烛雏处死，还向烛雏表示了歉意，同时也对晏子表达了感谢之情。

晏子在讲烛雏的三大罪状时，表面一直在强调"烛雏有罪"，但实际上却在说齐景公如果杀了烛雏，就会损害自己的威望，而聪明的齐景公听出了话外之音，成功地维护了自己的形象，且没有滥杀无辜。可见，晏子话里有话的智慧所在，可谓是一举两得。

在现实生活中，人们有时不会直接表达自己的想法，而是用迂回的策略暗示他人。这就是考验你理解与领悟能力的时候了。

乔·吉拉德是美国汽车推销之王，对于话外之音有着深刻的体会。有一次，一位顾客西装革履、神采飞扬地走进店里。乔·吉拉德凭借自己的经验判断，这位顾客一定会买下一辆车。于是，乔热情地推荐了一种最好的车型给他。那人对车很是满意，眼看就要成交了，对方却突然改变主意，什么也没买就走了。乔为此懊恼不已，他想了一下午，也没有想出是为什么。到了晚上，他终于忍不住给那位客人打了电话："您好！我是乔·吉拉德，今天下午我曾经向您介绍一款新车，眼看您就就要付款了，为什么却突然走了呢？"

"你真的想知道吗？"

"是的。"

"说实话吧，小伙子，今天你根本没有用心听我说话。就在签字付款之前，我提到我的女儿考上了商学院，还提到她的科学成绩、运动能力以及她将来的抱负的时候，你却一直说车子、车子、车子……"

此时，乔·吉拉德才恍然大悟。

原来他是因为没有听懂顾客的话外之音，没有及时对顾客积极回应，只是一心想着卖出去一辆车。而这个未完成的交易，不过是自己的自说自话罢了。由此可见，听懂别人的话外之音是多么重要呀！

当然，要听懂话外之音，正确解读对方的意思，平时就要多训练自己的观察和解读能力，并结合当时的语境分析语意，仔细注意当时的场合，就不难听懂别人想要表达的真正意思了。接下来为大家介绍几条听懂话外之音的小技巧：

技巧一：学会换位思考

我们要想理解别人，首先得把自己带到对方当时的处境里，这样，我们才能明白，对方为什么会这么说，这么说有什么含义。如果你能很好地学会换位思考，在对方没开口之前，你就能猜出七八分了，这样对方不论说什么，你心里早已料到，就会有所准备。

技巧二：不要打断对方说话

不打断对方说话，让对方把话说完，不仅是一种教养的体现，同时，也能帮助你理解对方的意思，避免出现尴尬和误会。当双方观点有分歧的时候，就反复用请教的语气去追问他，问分歧点，多问为什么，这样对方就会吐露出他真实的内心想法。

技巧三：认真倾听对方说话

倾听对方说话是以静制动的过程。对方说的时候，要安静地听他的语气、听他的用词、听他的比喻和举例子等背后的意思，这样才能听出事情的真相。不经过训练，人是不可能把语言伪装得天衣无缝的，细细听，细细品味，总有某个词语会流露出对方真实的想法。

技巧四：注意眼神

眼睛的沟通能力要比嘴简单、快捷、通俗易懂。当你在听别人说话时，眼睛要看着对方；当对方说到愉快的话题，你不妨跟着露出喜悦的眼神；当对方说到搞笑的话题，你不妨也跟着笑；当对方说到悲伤的话题，你的眼神一定要跟着悲伤。这样，就会让对方误以为你中了他的语言陷阱，这样对方就会放开了说，而言多必失，你就会很快理解对方的真实意图。

沟通的智慧

话里有话是一种比较高明的说话策略，所以，听话要领悟话外之音是很有必要的。这会让别人觉得你很有情商，跟你沟通很容易，也愿意和你沟通。相反，如果你没有领悟对方的话外之音，听不出话中的意思和背后的目的，就不能设定正确的说话策略，要么误会对方的意思，要么自己被讥讽了还不知道，从而给自己引来嘲笑，甚至是麻烦。

二、说话方式也能透露个性

每个人说话的能力都是相似的,但每个人说话的方式却各有不同。有的人说话声如洪钟,有的人说话则细若蚊鸣;有的人说话就像脆钢豆,有的人说话犹如软丝绸;有的人说话尖声细嗓;有的人说话则低沉沙哑……事实上,每一种说话方式背后都藏着每个人不同的个性。接下来,就为你阐述不同说话方式的秘密:

1. 说话速度快与慢的秘密

有些人说话语速飞快,无论表达什么都犹如连珠炮,听的人如果稍微放松精神,就会错过他们要说的很多话。这样的说话者一般来讲,自我意识比较强,富于言语上的进攻性,在谈话中也会倾向于把握主动,喜欢支配交谈的进程,而且女性因为天生的表达能力更强,所以女性朋友中语速快的更多。讲话快的人思维也敏捷,且想法比较多,思维跳跃性也大。

有的人说话则不急不缓、慢条斯理,并且节奏感十足。当与这样的人讲话时,你的每次发问都不会立刻得到回答,他们往往会慎重地思考一下,然后再陈述他的看法,讲起来简洁而清楚,不喜欢说废话。这种一边说话一边思考的人,生活态度总体来说会很稳健,他们很少冲动,不管遇到什么事情,总是不急不躁,反应虽然比别人慢半拍,但是在关键时刻做出的决策却很稳妥。

2. 说话态度冷与热的秘密

有的人说话一句一顿，像雪山上的冰柱一样，冰凉坚硬。这样的人表面看起来显得比较冷酷，给人的感觉冷峻、严肃、不好接近，但这只是表面现象。其实，在他们的情绪里一直有一团火在悄悄地运行，表面上看起来唯我独尊，其实他们的内心极不自信，并且有着很强的焦虑感。

有些人说话的时候总是表现得比较活跃，和这样的人一起聊天，他会主动寻找话题，尽量不让谈话气氛冷下来，这种人总给人感觉很热情、很友好。事实上，这种人在沟通中一直非常紧张，且有可能处在一种高度的焦虑状态中，这种人其实是极度不自信的。

3. 说话声音大与小的秘密

一般来说，说话声音大的人常常让人觉得口无遮拦、脾气直爽，是一就说一，是二就说二，绝不把话憋着、藏着。如果想让他们把话憋在心里那比登天还难。他们的性格开朗、大方、直爽，但是有点莽撞的。比如《三国演义》里的张飞、《水浒传》里的李逵都属于这种人。其实，虽说他们貌似莽撞，却往往是大智若愚型，他们的头脑和人品都值得信赖，是成为知心朋友的不错人选。

此外，需要注意的是，声音的大小同样与地域环境和文化分不开。在国内，东北人声音普遍大，在那里，人们都热情开朗，很少压低声音说话；在国外，意大利人是著名的大嗓门，到了英国，则会发现即便是公共场所也会鸦雀无声，因为在他们看来，大声说话是失礼的行为。

说话声音小的人，有很多种类型。有的人习惯凑到你的耳边窃窃私语，这样的人喜欢窥探他人的隐私，经常是流言蜚语的制造者；有的人说话时神神秘秘、左顾右盼，这样的人口是心非，度量狭小；有的人说话不紧不慢，声音虽小，但字字都能清晰地传到你的耳朵里来，这样的人比较有心机，但心态也略显沉稳，是个值得把重要的事情托付给他的人。

沟通的智慧

说话风格可以反映出一个人的性格特点。说话左顾右盼的人通常缺乏耐心，给人不稳重的印象。一个人的第一印象往往会给对方留下很深的烙印。如果你在第一次交往中给别人留下了一个好印象，别人就会乐于跟你进行第二次交往；相反，如果你在第一次交往中表现不佳或很差，往往别人很难与你再次进行交往。所以，务必注意第一次跟人打交道时的"第一印象"。

三、通过口头禅探究 TA 内心世界的秘密

语言是心理的反映，一个人下意识所说的话其实就是内心世界最真实的写照。在人们的话语中使用率与重复率最高的当属口头禅，所以说，口头禅在某种程度上揭示了说话者的内心世界。

小高是办公室里最受欢迎的人，他为人活泼热情，总是一副很开心的样子，大家也都愿意和他聊天，平时他总把"还不错嘛"挂在嘴边。而在节奏紧张的职场中，这句话好像具有了化腐朽为神奇的力量。

一天，同事小美非常生气地冲进办公室，一边忙着打卡一边抱怨："今天真倒霉，公交车司机开车特别慢，一路上总是遇到红灯，急死我了！其实，我出门本来挺早的，结果差一点就迟到了。"此时，小高的口头禅又冒了出来："还不错嘛，毕竟没迟到。司机都给你算好了，保证你不会迟到的！"听了小高的话，原本很气愤的小美总算露出了笑脸。

小高的一句"还不错嘛"，不仅体现了他的乐观态度，同时，也对他人进行宽慰与劝解。其实，生活中很多人都会因不同性格而产生不尽相同的口头禅，而这些未经大脑，成功逃过意识"警察"的话语，往往暴露了人们心底某些私密信息。从这点来看，口头禅绝对不是无心之言，它其实是一种内心真实想法的表达，反映着说话者的心理状态和性格特点。接下来就为大家解读不同的口头禅，都代表着哪些心理特征。

第一类口头禅：说真的、老实说、的确、不骗你

心理特征解读：如果他在谈话过程中反复强调自己是在"说真的""老实说"来刻意表明自己的诚实可信，这说明他担心自己表达出来的语言会被别人误解。这样的人性格有些急躁，经常会显得愤愤不平。不管是对方对自己所陈述事件的评价还是对方对自己的评价，他都会十分在意，所以一再强调事情的真实性和自己的诚实。他们希望自己被认可，并得到很多朋友的信赖。

第二类口头禅：应该、必须、必定会、一定要

心理特征解读：这类口头禅的最大特点就是推卸责任，说这类口头禅的人，是在告诉别人，现在他所说的话语并不是发自他的内心，其实只是道听途说。如果你听信这些话而造成不良后果的话，他是不会负责的。喜欢说这类口头禅的人见识虽广，但却缺乏决断力，他们处事圆滑，时刻为自己准备着台阶。

第三类口头禅：可能是吧、或许是吧、大概是吧

心理特征解读：这类口头禅的特点就是模棱两可，经常说这类话的人，总是掩饰自己的真实想法，有较强的自我防卫意识，不会将内心的想法完全暴露出来。在处事待人方面很冷静，所以工作和人际关系都不错。

第四类口头禅：但是、不过

心理特征解读："但是、不过"是带有转折意味的连词，习惯说这样的话的人，总会用"但是、不过"后面的内容来为自己作辩解。同时，"但是、不过"后面的内容也为说话者提供了一种保护，给自己前面的话语留下了足够的余地。

第五类口头禅：啊、呀、这个、那个、嗯

心理特征解读：有这种口头禅的人，反应是较迟钝的或是比较有城府的；也会有骄傲的人爱用这种口头语，这是因为怕说错话，需要时间来思考。通常来说，这种人的内心常常是很孤独的。

第六类口头禅：听说、据说、听人讲

心理特征解读：说这类口头禅的人，是在告诉别人，现在他所说的话语并不是发自他的内心，而有可能只是道听途说，如果你听信这些话而造成不良后果的话，他是不会负责的。喜欢说这类口头禅的人，做事时给自己留有余地，并不想承担过多的责任。

沟通的智慧

语言的风格是个人文化素养的体现，挂在嘴边的口头禅所述的语言风格，会让人很自然地把你与这种气质联系到一起，例如"谢谢""对不起"等词汇让人感觉到你的高素质；总是把"无聊""没劲"挂在嘴边的人也会让别人感觉到他的颓废、疲惫和无追求。如果你已经形成一些具有负面意思的口头语，你就要注意，千万不要让它影响你的形象。

四、不要忽视身体的"语言"

在沟通的过程中，人们往往会关注自己说了什么，但其实，我们的身体做了什么，同样具有非常重要的意义。据研究显示，在沟通过程中起作用的部分，内容仅占7%，语调占38%，而肢体语言占了55%。这说明沟通除了语言内容之外，肢体语言同样不容小觑。

沈先生刚刚升职，所以他想买一套西装来犒劳一下自己。于是，他走进了一家高档西装专卖店。

由于是休息日，所以沈先生穿了一套普通的运动服和运动鞋就进来了。售货员看到沈先生的打扮，就觉得他不具备购买名牌西装的能力。于是，她只是淡淡地说了一句："请您随意看。"说完也没有帮沈先生挑选西装的意思，只是站在原地。

沈先生开始走进展架看衣服，售货员突然迈开大步地冲了过来，一言不发，眼睛直直地看着沈先生的手，生怕沈先生摸脏了衣服。沈先生看了一眼售货员，没有说话，继续挑衣服。

接下来，沈先生看一件，售货员就伸长脖子关注着。沈先生走一步，售货员就跟一步。沈先生拿起一件西装想问问价格，猛一回头，却差点撞上这位售货员。售货员吓了一跳，连忙后退。

沈先生再没说话，只是皱着眉头，扫兴地离开了。

店长把这一切看在眼里,他对售货员说:"你怎么可以这样对待顾客?"

售货员很委屈地说:"我什么话也没说啊!"

店长说:"你是什么都没说,但你做的动作已经告诉别人你想说的话了。顾客进门你不上前,就是怠慢顾客。顾客想看衣服,你就紧盯顾客,生怕人家偷东西似的。顾客走到哪里,你就跟到哪里,就是给顾客压迫感,让人反感。你这样的服务根本配不上我们的品牌。"

在这个故事里,售货员虽然一句话都没有说,但是,她的每一个行为,每一个动作都已经得罪了顾客。

通过语言了解一个人的真实想法并不容易,但是,与人们说出的话不同,肢体语言很可能会将一个人的真实反应如实地表达出来。所以,学会如何阅读肢体语言就尤为重要了。接下来,就介绍几种典型的肢体语言:

眯着眼表示不同意、厌恶、发怒或不欣赏;

走动表示发脾气或受挫;

扭绞双手表示紧张、不安或害怕;

正视对方表示友善、诚恳、外向、有安全感、自信、笃定等;

搔头表示迷惑或不相信;

咬嘴唇表示紧张、害怕或焦虑;

抖脚表示紧张;

身体向前表示注意或感兴趣;

身体侧向一旁表示对谈话有兴趣;

低头表示对谈话不感兴趣或持否定态度;

肩部姿势收缩表示在气头上;

肩部耸起表示处在惊恐之中;

轻轻抚摸下巴表示在考虑做决定;

手放在腰上表示怀有敌意，随时准备投入行动；

用手挡住嘴或稍稍触及嘴唇、鼻子则表示想隐藏内心的真实想法。

当然，肢体语言不能一概而论，鼓掌时候的力度、手舞足蹈时的面部表情，这些往往都代表着不同的含义。此外，抱头、屈膝、笑容等，其实有无数种不同的姿势，而这些不同的姿势也代表着不同的含义。同时，性格、年龄、阅历、心态等都是影响身体语言的重要因素。我们在分析别人肢体语言的时候，千万不能就一个简单的表情或者一个姿势来判断别人的真实意图，一定要把各方面的因素都联系到一起，再下结论。

沟通的智慧

肢体语言又称身体语言，在沟通中可以通过对肢体语言的解读，来了解对方真正的心理变化。对于自然的肢体反应，当事人通常并不自知。当我们与人沟通时，皱眉、摇头、摆手等动作，大多是无意识的。正因为此，心理学家提出如下假设：当你与人说真话的时候，你的身体将与对方接近；当你说假话的时候，你的身体将与对方远离。

五、察言观色，掌握对方心理

英国哲学家培根在《谈判论》中指出："与人谋事，则须知其习性，以引导之；明其目的，以劝诱之；谙其弱点，以威吓之；察其优势，以钳制之。"这段话告诉我们，与人共事，只有了解对方的习性、目的、弱点、优势等信息，才能掌握主动。而要知道更多信息，就要学会察言观色，不动声色地了解对方的心理活动。

了解一个人的心理，不仅要抓住对方心理波动，更应该在细微之处下工夫，利用细小的刺激来影响其特定情形下的心理，从而在沟通过程中，"润物细无声"地实现自己的真正目的。

齐桓公早朝时与管仲商量要攻打卫国。退朝回宫后，一名从卫国献来的妃子看见他，就走过来连拜了几拜，问齐桓公卫国有什么过失。齐桓公很惊奇，就问她为什么这样问，妃子说："我望见大王进来的时候，脚抬得高高的，步子迈得大大的，脸上有一种强横的神气，这都是要攻打某个国家的迹象。并且，大王看到我，脸色就突然变了，这明显是要攻打卫国啊！"

第二天早朝散后，齐桓公冲着管仲一揖，召他进来。管仲问："大王不想攻打卫国了吗？"齐桓公问："你怎么知道的？"

管仲说："大王上朝的时候，作了一揖，并且很谦恭，说话的声调也缓和了，见到我还面有愧色，因此我便知道了。"

一个人即使直觉再怎么敏锐，也难免会有纰漏。但是如果懂得察言观色，知道如何根据观察到的情况，解读他人心理，就可以更好地避免在沟通中犯错。事实上，一个人言辞就可以体现他的品质，而一个人举止则表露了他的社交心理。你的衣着、你的坐姿、你的脸色都在告诉别人你在想些什么。

假如说"观色"就像看天气，那么看一个人的脸色也像看云识天气一样，具有很高深的学问。因为在生活中，并不是每个人都能随时随地做到喜形于色，相反，很多时候人们都是笑在脸上、哭在心里的。

春秋时期，晋国的智伯想讨伐卫国，就给卫国国君送去了骏马四百匹和璧玉一块。卫国国君十分高兴，朝臣们也都向他祝贺，只有大夫南文子面带忧色。

卫国国君说："大国与我们交好，是一件好事啊。你却面有忧色，这是为什么呢？"

南文子说："无功而受赏，没为人出力而得到厚礼，不可不察啊。骏马四百匹、璧玉一块，是小国向大国进献礼品的规格，而晋国这个大国却给我们送来这种规格的礼品，大王你要防备他呀！"卫国国君觉得有理，就把南文子的话告诉了边境上的守将。

之后，智伯果然起兵袭击卫国，到了卫国的边境，发现他们早有准备，只好返回，并说："卫国一定有贤能的人，他能预先就猜到了我的意图。"

在人际沟通中，对他人的言语、表情、手势、动作等看似不经意行为的敏锐观察，往往是掌握对方心理意图的重要条件。但是，需要注意的是，人们的"言"与"色"有时是简单的外露，有时却是复杂隐蔽的。所以，我们在观察别人的时候，一般要注意以下几点：

第一，性格定向和语言定位。沟通中的察言观色，说到底是对对方言谈举止、神态表情的微妙变化及其含义进行捕捉和判断，是一个由表及里的过程。性格定向和语言定位是这个过程的第一步。在摸透了对方性格类型之后，你就要设法捕捉最能反映他思想活动的典型动作和典型部位，也就是"语言点的定位"。眼、手、腿、脚、身体每一部位的肌肉，都可能是"语言点"的所在。

第二，抓住决定性一刻。每个人对自己神情的掩饰，都不可能做到滴水不漏。所以，就要在对方错综复杂的神情变化中，判断哪一个变化是有决定性的。对于聪明的人来说，其弥补失误的本领也是异常高超的，他不可能让你长时间地洞悉他的破绽，因此，时机对你来说非常宝贵。至于究竟什么时间才是这种决定性一刻呢？我们怎样才能将其判明并抓住那一瞬间呢？事实上，具体情况具体分析，需要我们凭借经验和感觉来定夺，并无固定模式可循。

第三，要学会主动出击。察言观色绝对不可以理解为被动式的冷眼旁观。事实上，主动进攻，采用一定的方式方法去激发对方情绪才是迅速、准确把握对方思想脉络的最佳途径。

沟通的智慧

心有所思，口有所言。通过语言这个窗口，可以窥视人的内心世界，而社交正是在不同思想支配下的语言交锋。因此，通过语言把握对方思想活动的脉搏，自然是获取论辩胜利的关键所在。与察言同样重要的还有观色，考察对方的举止神态，有时能捕捉到比语言表露得更为真实、微妙的思想。在社交活动中，思想活动与举止神情是密切相关的。因此我们说"言"与"色"是洞察内心世界的窗口。

六、问题提对了，事情就成功一半

在生活与工作中，很多人觉得提问题是一种无知、无能的表现，所以，很多人有了问题宁愿选择百度一下，也不愿意向别人提问。可是，在沟通中，提问是一门很重要的学问，你可以通过提问打开话题，也可以通过提问表示敬意，甚至有时候能通过提问，获取一些十分重要的信息。

一天，一个培训师接到一家公司的电话。原来，这家公司想要邀请培训师对公司员工进行培训。通话内容如下：

公司："您好，我们公司想找您来对我们的员工进行培训。"

培训师："那太好了，你们是怎么知道我的呢？"

公司："我们参加过您培训课程，员工觉得您培训的内容很有意思，所以向我推荐了您。"

培训师："你们打算什么时候培训呢？"

公司："是这样，在今年年前，我们还有一笔培训预算需要用掉。所以，我们希望能在年底前把培训完成。"

培训师："好吧，我肯定能帮助你们解决问题。"

在这段对话中，培训师通过提问了解到许多重要信息。比如，从"你是怎么知道我的"这个问题中，培训师知道这家公司非常了解他的培训能力，而且对他的培训表示满意与肯定；从"你们打算什么时候培训"的问题中，培训师又了解到集团公司想要尽快把培训预算花掉。所以，他完全不用担心这单生意会跑掉。

有效的沟通，离不开智慧的提问方式。如果你不会提问，对他人提不出恰当的问题，就会让你们之间的沟通出现断层；对自己提不出积极的问题，会阻碍你成长。我们要学会提问，提出有价值的问题。那么，如何才能在沟通中提出有价值的问题呢？

第一，要学会引导话题。通过提问，可以控制谈话的引导方向。如果你想从被打断的话题中回到原来的话题上，那么，你就可以运用提问；如果你希望别人能注意你提出的话题，也可以巧妙地多提一些问题，把对方引导到你所希望讨论的问题上来。

第二，多了解提问对象的信息。你要了解对方的性格、爱好，提出对方感兴趣的问题，如果对方内向，你要多问一些开放性问题。此外要注意，根据你们之间的亲密程度提问，不要问让对方尴尬、对方不愿意或不方便回答的问题。

第三，明确提问内容。在提问过程中，对方可能会因为你的话题而感到压力或者烦躁不安，主要是由于提问者问题不明确，给对方以压迫感，这就是没掌握好提问的策略。

同时，在提问的时候，还要注意不要夹杂着含糊不清的暗示，以免提出的问题让你陷入不利的境地。例如，当你提交方案，对方还没有接受的时候，如果你继续问"那你们还有什么要求呢"这类问题，实际上是跟对方讲条件，也会让自己陷入被动。所以，应该尽量避免。

第四，你的问题一定要有价值，要能引起兴趣。会提问的人不会让对方尴尬，也不会问对方不会的问题。人与人沟通中所提的问题，绝对不只是闲谈，而是要让双方都有收获，要让双方都有一定思考，都能开拓眼界与视野。

沟通的智慧

提问是人际交往中不可或缺的重要手段，恰到好处的提问，能激发对方的谈话兴趣，有时还能让对方含糊不清的思路变得清晰，甚至提问还能带给人们灵感。所以说，巧妙的提问可以把散乱的信息像穿珠子一样穿起来，让不相关的内容变成一个有机的整体，让沟通更愉快顺畅。

别输在不懂沟通上

第三章 知己知彼，成就有效沟通——知道对手在想什么，你已经赢了一半

> **上篇**
> 沟通，那些你必须了解的智慧

第四章
场景千变万化，沟通也要随机应变——让沟通"多面手"更吃香

一、"话随境迁",看场合说话的技巧

俗话说"到什么山上唱什么歌",这句话充分说明不同的场合需要"话随境迁"的沟通方式。当我们与人交流时,场合不同、气氛不同,心态与心情也会不同,如果我们不能根据当时的气氛,灵活自如地与人交谈,则只会平添无尽的尴尬。试想一下,如果你在与朋友聊天的时候,就像做报告一样严肃谨慎,或者在欢快的婚礼上,你总是板着脸讲一些丧气话,将会带来怎样的后果呢?

"话随境迁"简单来说,就是在什么场合说什么话。如果一个人说话不看场合,随心所欲、信口开河,想起什么说什么,很可能会被人视作笨拙、无知的人。即便是再动听的话语,再真诚的情感,也不会产生好的效果,甚至还会适得其反。

英国前首相丘吉尔75岁生日那天,人们为了表示祝贺特意为他举办了一场生日晚宴。当时,一位年轻的记者真诚地对丘吉尔说:"尊敬的首相先生,我真心希望明年还能为您庆祝生日!"

丘吉尔听了这话,心里觉得十分不舒服,他想:"这不是就在诅咒我活不过明年嘛!"虽然丘吉尔很生气,但他还是礼貌地回应了这位记者,丘吉尔亲切地拍了拍他的肩膀,打趣地说:"记者先生,您还这么年轻,身体又这么棒,应该不会有问题的。"

相信这位年轻记者并没有诅咒丘吉尔的意思,他只是在表达自己的祝福。但是,在这种场合下这种不恰当的话语,却让丘吉尔读出了截然相反的意思。

很多时候,同样一句话,在适当的场合被认为合情合理,在不恰当的场合就可能引起别人的不安与反感。所以说,想要在沟通中有良好的表现,讲话时一定要看环境、看场合,从而让讲出的话更容易让人接受。

陆阳是一家酒厂的销售经理,他为人比较简单直爽,处理事情也简单直接,正是因为这一点,很多商家都愿意和他合作。因此,陆阳的业绩一直都很好。可有时候,陆阳也为会因为过于简单而吃亏。

有一次,陆阳与人谈一笔生意的时候比较顺利。对方经营的是 A 品牌的酒类,双方对彼此公司都十分认可。就在签完合同之后,对方邀请陆阳去吃饭,他欣然答应了。在点酒的时候,陆阳点了 B 品牌的酒,并说了一句:"其实我最不爱喝的就是 A 品牌的酒了。"此话一出,气氛瞬间凝固,陆阳意识到自己讲错话,立马找话题打圆场,但效果也不佳。最后,双方不欢而散,之后的合作也泡汤了。

实际上,陆阳说的话并没有错,但他错在了在不恰当的场合说了不恰当话,从而让顾客不满意。其实,一个懂得沟通艺术的人,就应当懂得说话看场合。给他人和自己预留一些空间,这样才能与他人更融洽地相处。以下几种场合,就需要我们采取与之相适应的语言形式,否则就达不到良好沟通的目的。

1. 正式场合与非正式场合

正式场合说话一定要严肃认真,事先有所准备,不能乱扯一通。而在非正式场合,说话便可以随便一些,有益于感情交流。在生活中,有些人说话文绉绉的,有些人说话俗不可耐,就是因为没有把握好正式场合与非正式场合的界限。

2. 适宜多说的场合与适宜少说的场合

当对方比较忙时，与对方说话就得简明扼要。如果此时你跟人家谈笑风生，那效果肯定不会好。如果对方既有心情又有时间，那就不妨在一起多聊聊吧。

3. 喜庆场合与悲痛场合

说话应与周围的气氛协调一致。在别人办喜事时，千万不要说悲伤的话；在人家悲痛时，也别说逗乐的话。若是反其道而行，别人就会说你这个人太不懂事了。

4. 庄重场合与随意场合

在随意的场合，如果你说"我是特地来看你的"，就显得有些庄重了。而"我是顺便来看你的"，则显得很随意，同时可以减轻对方的心理负担。反过来，若是在庄重的场合说"我是顺便来看你的"就显得不够认真，不够严肃，会让听者觉得你说话不慎重。而在日常生活中，明明是"我是顺便来看你的"，却偏偏说成是"我是特地来看你的"，就有些小题大做，反而会让对方感到紧张。

沟通的智慧

在沟通过程中，往往是说者无心，听者有意。所以，我们不能不分场合，随便把自己的心里话吐露出来，这样会引起不必要的误会。当误会比较小时，我们还可以道歉请求原谅。如果误会大了，那就会造成很不好的影响。所以，我们一定要学会"话随境迁"，不然吃亏的只能是自己。

二、因人而异，看人说话的艺术

每个人都有自己的性格与脾气，但如果与不同的人沟通交流时，忽视了这一点，往往就会"不对脾气"，甚至出现"话不投机半句多"的尴尬场景。试想一下，面对一个做事雷厉风行的人，你却慢条斯理，那他只会感到不耐烦；面对一个优柔寡断的人，你却火急火燎，那他就会感到紧张与压力。

由此可见，说话沟通一定要因人而异。

如：一位人口普查工作人员，来到一位年纪较大的老奶奶家进行调查工作。他问老奶奶："您有配偶吗？"老奶奶文化程度较低，不知道配偶是什么意思，还以为他在问"买藕了没有？"

又如：一位大学毕业生到一家工厂就职，开始一切都很顺利。但是过了一个多月，他发现车间主任对他越来越冷淡，他怎么也搞不清楚究竟哪里出了问题。后来，一位好心的工人师傅告诉他，原来他在学校已经习惯用术语，比如"最优化方案""程序化""控制论"等，而车间主任没有上过大学，最讨厌别人在他面前咬文嚼字，卖弄学识。也因此，这位大学生的说话方式，在无形中触碰了领导的"自卑感"。

再如：钓鱼的人都知道，鱼喜欢吃小虫。所以，在钓鱼的时候，不能看自己有什么，而是要知道鱼喜欢吃什么。同样的道理，沟通的过程中也是一样，针对不同的人，你要了解他们的职业、年龄、性格、文化程度等信息，然后才能根据他们的自身情况，谈论他们熟悉或者感兴趣的话题。

接下来，就教大家与不同的人沟通并需要注意哪些问题。

1. 年龄不同的人

不同年龄的人，兴趣和爱好都不一样，关注的问题也不一样。年轻人会比较喜欢一些有活力、有激情的东西。此外，年轻人心浮气躁，情绪容易冲动，在和他们讲话的时候，最好选择一些新鲜的话题，而不是拿陈旧的话题与他们谈论。另外，与年轻人谈论的时候，你的语气可以轻松一点，可以不要太过拘束；与中年人沟通，不能显得太过轻浮。中年人的心理比较成熟，他们会更关注与自身利益相关的话题。而且人到中年，难免会有一些城府，所以和中年人说话，你应该选择一些贴近现实生活的话题，口气应该适当严谨些；与老年人交谈，无论你职位高低，都要显示出对他的尊敬。老年人喜欢谈论过去的事情，他会喜欢谈论当年，想当年怎么怎么样，这时候你不要显示出不耐烦的情绪，而是应该显得很感兴趣，并且附和着他说话。这样的话，他自然就会觉得你是一位不错的聊友了。

2. 性格不同的人

面对性格不同的人，你讲话的方式也要不同。对一个很深沉的人，如果你总是说玩笑话，对方会觉得你很轻浮；对一个很幽默的人，如果你总是说很深沉的话，他会觉得你很死板。

面对不同的人，从说话的语气上也应有所区别。对男性说话，可以豪爽一点；而对女性说话，应该委婉细腻一些，你要是说话太直白，可能会弄得对方很尴尬，让她接受不了。所以，我们在和别人说话的时候，一定要选择正确的说话方式。

3. 职业不同的人

俗话说"隔行如隔山",不同的职业,说话方式也大不相同。从事以体力劳动为主的人,说起话来可能会直白一些,在和他们说话的时候,你可以用直白的方式和他们交流。当你满口术语、之乎者也时,对方会觉得你故意在他们面前显摆;从事文字、教育工作的人,说话时常会给人以文绉绉的感觉,而且他们的幽默方式,可能会有所不同,文字游戏也会常常出现。跟这样的人打交道,你的脑子一定要转得快,可能你不是这个意思,可是如果你表述不清,就会让对方误解;对于经商的人,你可以谈一下最近的经济形势,或者一些生意上的事情。但是,你一定要掌握说话的分寸,每个商人都有自己的商业机密,你若是问得太多,对方可能会觉得你有所图谋;做销售的人,可能说起话来会洪亮一些,话可能会多一些;做研究工作的人,可能会低调一些,说的话也没有那么多,因为他们的工作原因,与人接触打交道会少一些。如果彼此职业没有交集之处,可以从生活方面或者是以共同的兴趣爱好为话题。

4. 文化程度不同的人

在沟通过程中彼此文化程度不同,接触的东西也会有所不同。与此同时,文化程度也决定了一个人的生活环境,生活环境的不同,也造就了一个人说话和听话习惯的不同。

所以,在你说话之前,要了解对方的情况,如果你的文化程度比他高,你不妨放低自己的姿态,聊一些对方所熟悉的话题,用直白的话和他进行交流。如果你交流的对方文化程度很高,你可以用请教的方式和他交流,从而满足他的优越感。切记:不要在一群学问低的人面前说一些高学问的话,那样显得你在卖弄;而如果在高学问的人面前说一些低俗的话,就会让人觉得你肤浅。

沟通的智慧

在进行语言交流的时候，我们说话应当符合特定的身份要求，从语气到称谓，从称谓到语言，都要有一定的针对性。此外，见到什么人，说什么话，还要掌握一定分寸。比如，医生不能对病人说"欢迎光临"或者"下次再来"；母亲不能对孩子说"养孩子没用"；客人不能对新婚夫妇说"下次我还来"……否则，说了不该说的话不仅会闹笑话，还有可能引发不必要的矛盾与争斗。

三、注意分寸，酒宴上切莫乱讲话

对中国人来说，饮酒绝对是一种文化，而"以酒会友""把酒言欢"等词语更是让我们看到了酒在社交活动中的重要性。一般来讲，酒宴都带有欢聚庆祝的意味，所以，在酒宴上讲话讲得巧妙就会备受欢迎，而如果酒宴上讲错了话，就会扫了大家的酒兴，成为被人反感厌恶的人。

鲁迅先生有一篇散文《立论》，其中有这样一段故事情节：孩子满月的时候，全家人非常高兴，宴请宾客。酒席宴间，把孩子抱给客人们看。每个人都知道讨个好兆头。其中一人说"这个孩子将来要做官"。主人感到很高兴，并感谢他；不一会儿，另一个人说"这孩子将来要发财"。虽然只是几句恭维的话，但听了却让主人家感到舒服；最后一个人说"这孩子将来要死的"。主人听了，很不高兴。而这个人也遭到了大家的排斥与厌恶。

给孩子办满月酒原本是一件大喜的事，在这种场合"死"这种词语是最大的忌讳。主人请客人来，是为了得到祝福，而不想受到冒犯。虽然每个人最后都会死，但是，在这种场合下说这种话显然不合适。

一句好听的话会引起共鸣，一句不好听的话就会引起公愤。所以，说话一定要巧妙。例如，一对朋友酒桌上聊天，聊得兴起时，甲对乙说："你喝酒痛快，但是你办事不怎么痛快。"乙听了不高兴，结果两人不欢而散。也许甲只是一时嘴快，没什么恶意，但是乙却当真了，随后心生怨恨。其实，同一个意思,可以用不同语言来表达。"喝酒和办事一样,希望你越来越能喝,越来越爽快!"这句话同样是让对方办事爽快一些,听起来效果却大不一样了。所以说,酒宴上说话一定要讲究技巧。那么,怎么才能让自己在酒宴上谈笑风生,被人们青睐呢?

第一,把握宾主的心态,学会掌控局面。大多数酒宴都有一个主题,也就是喝酒的目的。赴宴时,宾客应环视一下其他人的神态表情,分清主次,不要单纯地为了喝酒而喝酒,而失去交友的好机会,更不要让某些哗众取宠的酒徒搅乱酒宴的秩序。

第二,掌握敬酒次序,做到主次分明。敬酒是一门学问。一般情况下,敬酒应以年龄大小、职位高低、宾主身份为序,敬酒前一定要充分考虑好敬酒的顺序,分明主次。此外,如果在场有更高身份或年长的人,应先给尊者长者敬酒。

第三,循序渐进显露锋芒,切勿急功近利。酒宴上要看清场合,不要太冲动,尽量保留一些酒力和说话的分寸,既不让别人小看自己又不要过分地表露自身。只有选择适当的机会,逐渐放射自己的锋芒,才能稳坐泰山,不致给别人产生"就这点能力"的想法,使大家不敢低估你的实力。

第四,劝酒要适度,不可强迫他人。在酒桌上往往会遇到劝酒的现象,有的人总喜欢把酒场当战场,想方设法地劝别人多喝几杯,认为不喝到量就是不实在。"以酒论英雄",对酒量大的人还可以,酒量小的就犯难了,有时过分地劝酒,会将原有的朋友感情完全破坏。

此外,值得注意的是,在酒宴上要多谈论一些大部分人能够参与的话题。因为个人的兴趣爱好、知识面不同,所以话题尽量不要太偏,避免唯我独尊,天南海北,出现跑题现象,而忽略了众人。

沟通的智慧

在酒宴上,讲话有很多技巧与注意事项,这些都是沟通中必须学习掌握的。在酒宴上,沟通得顺利,关系处理得当,人脉才会广。毕竟,在酒宴上的讲话和行为体现了一个人礼貌与礼仪。

四、办公室里的沟通讲究多

俗话说"人在江湖，身不由己"，办公室就像一个小型江湖，而身在其中的人们必须小心谨慎，不然就会付出惨痛的代价。在职场上，我们会遇到形形色色的人，每个人都有自己的理想抱负，同时每个人也都有自己的行为准则。在职场上，没人在意你是不是无心之失，更没人有义务要原谅你的错误言行。每一个职场人士，都必须对自己说的话负责任。所以，做一个合格的职场人士，必须掌握职场讲话的讲究与学问。

一家互联网公司新聘请了一位总经理，据说这位新经理经验丰富，而且能力超强，最重要的是，他平易近人，几乎没有一点儿架子。平时，他与大家打成一片，相处极为融洽，刚来短短的一个月时间，就与大家像朋友一样亲近，办公室的气氛也变得更加和谐。

有一天，新经理找到一位老员工谈话："你是公司的老员工了，对公司也比较了解，谈谈你对公司的看法吧。"这位员工为了表现自己，就把自己在积攒了多年的意见一股脑儿地全说了出来，比如谁谁上班的时候不工作总是打游戏，谁谁利用公司的资源接了私活。此外，他还抱怨公司克扣员工工资，说员工加班公司不给加班费，公司福利待遇不如其他公司等。新经理听了这番话，微笑着表示满意。

一个星期后，公司开始大整顿。那些平时混日子的人统统被开除，而那些对公司颇多微词的员工也被严重警告。后来，那位被请去谈话的老员工才知道，新来的经理是老板的亲戚，他很后悔说了那样一番话，最后也被迫离开公司。

有时候职场就像战场，既残酷又现实，在办公室里，说错一句话很可能就会陷入是非的旋涡中。所以，倘若你想在工作中如鱼得水，在职场里顺顺利利，那么一定不要在办公室谈论以下话题。

1. 薪资待遇的话题

一般情况下，公司都不喜欢职员之间打听薪水，因为同事之间工资往往有着不小的差别，所以发薪时老板有意不公开数额，并叮嘱不让他人知道。同工不同酬是老板常用的手段，用好了，是奖优罚劣的一大法宝，但它也是把双刃剑，用不好，就容易触发员工之间的矛盾，而且最终会掉转刀口朝上，矛头直指老板，这当然是老板最不想看见的结果。

当你碰上有这样的同事，最好早做打算，如果他把话题往工资上引时，你要尽早打断他，说公司有纪律不谈薪水；如果他语速很快，没等你拦住就把话都说了，也不要紧，可以直接表达自己的想法："对不起，我不想谈这个问题。"

2. 个人家庭财产的话题

无论你的家庭财产有多少，都不要在公司张扬。就算你刚刚新买了别墅或利用假期去欧洲玩了一趟，也没必要拿到办公室来炫耀，有些快乐，分享的圈子越小越好。被人妒忌的滋味并不好，因为容易招人算计。

3. 私人生活的话题

无论你在生活中遇到什么问题，都不应该把情绪带到工作中来，更别把故事带进来。办公室里容易聊天，说起来只图痛快，不看对象，事后往往懊悔不已。

此外，把同事当知己的害处很多，职场是竞技场，每个人都可能成为你的对手，即便是合作很好的搭档，也可能会突然变脸。

4. 抱怨公司与同事的话题

"公司福利不好""公司老让加班，不给加班费"……这样的话题同事之间说了也是白说，根本解决不了问题。如果被传来传去，被人添油加醋，你可能连解释的机会都没有。

此外，同事的坏话也不要乱讲，因为天下没有不透风的墙，今天你和某同事说"小张能力不行，办不成事"，过不了两天话就会传到小张耳朵里了……

沟通的智慧

很多职场工作人员都经常犯同一个错误，就是把公司当成家，跟同事说一些自己的心事，这样虽然能够很好地拉近与同事之间的距离，但是你要记住，没有人会替你保密。如果你连同事之间的关系都拿出来讨论，在不久的将来你就会离开目前的这个位置了，这是非常普遍的一个现象。聪明的职场人员，不会轻易说出自己的心事，就算说也不会跟同事说。所以，在公司就要踏踏实实地工作，不要把这里当成你的家，更不要把你的同事当成你的知己，这是非常错误的想法。

五、赢取一份好工作，从愉快的面试沟通开始

每个人都渴望得到一份有远大前程的工作，每个人都希望拥有一份高薪厚职的工作，无论是为了理想还是金钱，我们都需要工作为自己提供一个舞台。而要获得一份好工作，就一定要在面试中"过五关斩六将"。

一场成功的面试绝对离不开一次愉快的沟通，在面试中，有些人能力很强，但不懂得如何表达，于是很可能连第一关都过不了；而有些人能力一般，却因为能说会道，最终通过面试。不可否认，工作能力是决定一切的根本。但是，如果你连工作的机会都把握不住，又有谁会和你谈能力呢？

一家知名广告公司招聘，参加面试的人很多，而且大部分人都很年轻也很有实力，并且每一位应聘者为得到这份工作都做足了准备。经过漫长的面试之后，终于轮到最后一位面试者，此时面试官们都有些疲惫，所以就显得有些漫不经心。然而，这位面试者却大声说出一句话，让在场的人立刻打起了精神。

他说："抱歉，让你们等了这么久。我是今天的最后一位面试者，但我肯定自己一定是最有价值的第一位。谢谢你们没有在我之前做出决定，因为即使你们做了决定，我也有办法让你们为我改变这一决定。"

这位年轻人不卑不亢、有礼有节的表述，让面试官对他另眼相看。最终，他成功进入了这家公司。

能力是干出来的，同时能力也是需要表达出来的。不然，你很难找到机会，找到舞台把能力发挥出来。想要在工作中发光发热，必然少不了在面试中发光发亮。而要成功通过面试的各个关卡，就要掌握语言表达的技巧。那么，面试中究竟要如何表达呢？

第一，要做到口齿清晰，语言流利。面试中要注意发音准确，吐字清晰。还要控制说话的速度，以免磕磕绊绊，影响语言的流畅。为了增添语言的魅力，应注意修辞美妙，忌用口头禅，更不能有不文明的语言。

第二，要做到语气平和，语调恰当。面试时，要注意语言、语调、语气的正确运用。打招呼时宜用上语调，加重语气并带拖音，以引起对方的注意。自我介绍时，最好多用平缓的陈述语气，不宜使用感叹语气或祈使句。声音过大令人厌烦，声音过小则难以听清。音量的大小要根据面试现场情况而定。两人面谈且距离较近时，声音不宜过大，群体面试而且场地开阔时声音不宜过小，以每个用人单位都能听清你的讲话为原则。

第三，要注意面试官的反映。求职面试不是演讲，而是更接近于一般的沟通交流。沟通中，应随时注意面试官的反应。比如，面试官心不在焉，可能表示他对自己这段话没有兴趣，你要设法转移话题；如果面试官侧耳倾听，可能说明你音量过小使对方难以听清；面试官如果皱眉、摆头可能表示你的言语有不当之处。根据对方的这些反应，就要适时地调整自己的语言、语调、语气、音量、修辞，包括陈述内容。这样才能取得良好的面试效果。

第四，要做到语言含蓄、幽默、机智。沟通时不仅要表达清晰，还要在适当的时候插进幽默的语言，让谈话气氛更加轻松愉快，同时展示自己的优越气质和从容风度。尤其是当遇到难以回答的问题时，机智幽默的语言会显示自己的聪明智慧，有助于化险为夷，并给人以良好的印象。

一千个人眼中有一千个哈姆雷特，不同的面试官对于员工的"标准答案"

也千差万别。作为求职者能做的就是尽量真诚地展现自己。当然，在展现自己的过程中，有些问题一定要尽量注意。

1. 切忌讲话假大空

在求职面试中，切勿叙述假话、大话、空话。要知道，为你面试的人员中除了人力，一般都是对本领域很熟悉的人，不要妄想自己的"假大空"能忽悠住面试官。

2. 切忌询问私人问题

切勿询问关于面试官个人的私人问题和谈及之前公司、同事的坏话，尤其是激烈的批判语言，以免给面试官留下不好的印象。

3. 切忌无视规则问题

面试是程式化很强的活动，有自己的游戏规则。如：衣着得体；肢体语言要恰到好处；不要老是盯着考官；面试后写感谢信或询问录取情况以表示你很重视这份工作。而无视规则的人，往往都会输掉面试。

4. 切忌"心直口快"

如果每次考官刚说完问题，你就迫不及待地去回答，会显得不够稳重。当然了，如果每个问题都要想了又想，又显得过分谨慎，畏首畏尾。正确的做法是：大多数问题一经提出，你可以立即回答，边回答边考虑如何收尾。其他比较棘手或意想不到的问题，你可以用陈述的语气讲一遍，以给自己争取回答的思考时间。

5. 切忌说过多"废话"

在沟通的时候，不要说没有用的话，因为面试时间有限，你的"废话"不仅会浪费面试官的时间，同时也会浪费你的精力。在面试的时候，说话要简洁，要把握要点，回答问题要点到即止，而过多的陈述并不会帮你加分。

沟通的智慧

在面试的时候，最好不要问过多的薪资问题。如果过多地谈薪资，对方会感觉你很现实，毕竟企业需要考察的是你的能力，当你没有很好展现自身实力的时候，薪资问题最好一语带过。

第四章 场景千变万化，沟通也要随机应变——让沟通"多面手"更吃香

六、批评他人请注意场合

每个人都有可能犯错，犯了错就有可能受到批评。同时，每个人也都有自尊心，而批评教育不得当、不注意场合，只会伤了被批评者的自尊心，反而达不到教育的目的。俗话说"人怕打脸，树怕剥皮"。如果你批评他人，不只是为了"打他的脸"，伤害他的自尊心，那么就请你注意批评的场合。

一家高档连锁饭店开张，现场气氛十分热闹，许多领导与嘉宾出席开幕仪式，整场活动可谓声势浩大。饭店的员工，从经理到服务员，各个都是忙里忙外，生怕今天有个什么闪失。

到了会餐时间，一名服务员负责给大家端茶倒水，茶水送上，服务员就退下。就在这时，经理发现一位重要领导的茶水没有送上，且唯独这一位没有。经理特别生气，当场上前教训服务员："怎么可以这样，还有一位领导的茶水没有送到，你没发现吗？一点儿也不专业，你还能不能把工作做好！"瞬间，场面变得异常尴尬，服务员苦着脸退了出去，餐桌上的领导、嘉宾也都不说话了。这时，被忽视的领导连忙出来打圆场："没关系，少喝点儿茶，一会儿可以多喝点儿酒。"

服务员犯了一个错误，但这并不是一个无法补救的错误。经理完全可以赶紧让服务员把茶水补上，如此一来就可悄无声息地平息事件。但事例中的经理却把注意力放在批评服务员上，结果不仅伤害了服务员的自尊心，还让餐桌上的领导与嘉宾尴尬不已。

批评的最终目的是告诫他人下次不要犯错,并不是为了批评而批评。如果做领导的不明白这个道理,那么批评除了让下属难堪,并无任何积极意义。相反,如果领导批评下属懂得方式方法,知道选择场合,那么其管理工作也会变得更加顺利。

马东是一家贸易公司的员工,他的工作能力极强,工作态度也极其认真负责。可是最近在给客户配货时却出了差错。马东发现后,非常害怕,因为他把客户订的价值四千多元的货错发成了价值六千多元的货。同事们很快就知道了这件事情,并为马东感到担心。

几天之后,经理召集全体员工开会。马东虽然知道这只是每周例会,可他还是感到异常紧张。可是,让所有人没有想到的是,总经理并没有在会上提起马东的事情,这一切就好像从来没有发生一样。

会后,马东主动到经理办公室认错。经理问道:"小马,你平时工作一直都是挺认真仔细的,这次是怎么回事?"总经理的话虽然带有批评,但更多的是关心。

就这样,马东和总经理聊了一个多小时,期间马东主动承认错误,他告诉经理,因为家里出现一些问题才导致工作状态不好的。经理说:"家里的矛盾虽然会影响心情,但是作为职场人,我们不应该把这种情绪带到工作中来……"

经理选择在私下,而不是在例会上批评马东,不仅没有让马东的自尊心受挫,反而还让他主动思考自己的问题,并愿意积极主动地改正错误。由此可见,讲究场合的批评,才是进步的阶梯。

当然,并不是所有情况都允许我们私下批评他人。如果必须在现场当众批评一个人,那么一定要注意态度与措辞。因为不恰当的言辞只会激怒对方,完全达不到教育的目的。所以，在批评他人的时候，一定要给自己一点儿时间，想想如何表达才能更客观、更委婉。

例如，这种"你是不是没长脑子，怎么永远都学不会呢……"带有侮辱性质的话只会带来愤怒与怨恨。相反，如果你能委婉地说"这件事情我已经教过很多次了，你这么聪明，不应该一直学不会啊……"

总之，在你批评他人的时候，能够注意场合，注意语言的使用，就一定能够很好地解决问题，而不是不断地制造更多问题。

沟通的智慧

批评其实是一件很难的事情，其中包括许多技巧。不同的人由于文化、性别、性格、能力等不同，对批评的接受程度也不一样，有些场合批评可以，但有些场合批评只会引起更多的问题。因为批评并不像赞美一样那么令人舒服，批评往往会使人不愉快，面对批评有人会改进，有人则会恼羞成怒。因此，在批评人时，一定要讲究方式方法。

七、如何恰到好处地提出建议

无论是在生活还是在工作中,我们都会听到"随便"这两个字。为什么大家喜欢说"随便"?这不是因为没有意见,而是我们不习惯或者不善于表达自己的想法与建议。有些人觉得提出建议是在炫耀自己,还有些人觉得提出建议会得罪人,更有甚者觉得提建议就是自找麻烦……可事实上,恰到好处地提出建议,不仅会帮你达成所愿,还能让人对你多一份敬意。

1939年,爱因斯坦等科学家联名给美国总统罗斯福写了一封信,建议加快研制原子弹,理由是德国正开展此项研究。总统顾问萨克斯将信呈交给罗斯福,并试图说服他。可是,罗斯福冷淡地表示:"我听不懂什么核裂变理论,现在政府无力投入巨资研制新炸弹,你最好不要管这件事情了。"

事后,罗斯福觉得自己有些过分,于是,他邀请萨克斯第二天共进早餐。萨克斯打算利用这个机会说服总统,他知道总统喜欢历史。一落座,罗斯福就说:"昨天我态度不好,但科学家们总是异想天开,今天你不许再提原子弹的事了!"

"那我就谈一点历史吧。"

萨克斯心平气和地讲了起来,"当年拿破仑横扫欧洲大陆,但在海战中却不尽如人意。有一天,一个叫富尔顿的美国人来见他,建议他砍断法国战舰的桅杆,装上蒸汽机,把船板换上钢板,并说这样就会所向无敌,很快占

85

领英伦三岛。拿破仑心想，船没有桅杆和帆肯定无法行驶，换上钢板肯定会沉没。他认为富尔顿是个疯子，就把富尔顿赶走了。可事实上，富尔顿的建议是正确的……"

听到这里，罗斯福神色严肃起来。他沉思片刻后，说："我们马上着手研制原子弹！"

很明显，研究原子弹的建议是正确且明智的。如果萨克斯不懂得巧妙地提出建议。也许，历史就会改写。很多人不愿意提建议，往往就是害怕提出建议之后被人否定。虽然，我们无法确定别人会心甘情愿地接受我们的建议，但我们要相信只要巧妙地运用提建议的艺术，没有人是我们打动不了的。

唐骏在微软任中国区总裁时，有一天比尔·盖茨的助理打电话通知他，某天盖茨要来中国。唐骏一算时间，那一天正好是正月初三。于是，唐骏建议其改一下日期。还没等唐骏讲完，盖茨的助手不耐烦地斥责道："盖茨先生的行程是一年前就安排好了的，怎么可以随便更改，你直接找他讲好了。"说完就把电话挂了。唐骏拨通了盖茨的电话，盖茨当然不会轻易改变计划。就在事情变得有些僵持时，唐骏讲了一句话："我知道你的时间是一年前就安排好了的，但是你要知道中国的春节是5000年以前就安排好了的。"盖茨沉默了几秒钟，说："好吧，你赢了。"

后来，盖茨抵达北京见到唐骏的第一句话是："你是第一个改变我日程安排的人。"

唐骏笑着回答："不是我要改变你的时间，是中国5000年文明要改变你的时间。"

盖茨听后，也笑了起来。

面对强势的领导，直来直往地提出建议，往往不会收到良好的效果。唐骏用传统与文化的大旗，最终让比尔·盖茨接受了他的建议。其实，提建议真的不是简单表达想法,而是一门很有学问的技术。如果你也要像唐骏一样,巧妙地提出建议,从而达到目的。那么,你一定要了解以下这些建议。

1. 选择私下秘密地进行

私下提建议意味着,除了你们双方,不能有他人在场。你们不能只是站在一个拥挤的房间里的某个角落。你们必须要待在一个关着门的房间里,以免人们路过的时候走进来。知道这个谈话的只能是你们双方。

2. 可以以称赞开始

先称赞人们做得对的地方,然后再谈到需要改正的事情。在诚实称赞的光芒下,改正看起来不像批评,也不会被认为是批评。它的一切目的只是提出一些建议,使事情变得更好一些。

3. 不要加入任何责备

提意见绝对不是责备。讨论一个不正确的情形的唯一目的,是使之正确起来,而不是责备某个人。一旦你把问题解释清楚了,就要直接讨论可能的解决办法,不要纠缠于消极的事情上。同时,千万不要使任何人觉得他们受到责备。

4. 不要让自己超越他人

即使你有身份、学识或经验非凡,也不要把它用以施加压力给别人。这会让别人与你配合时感觉压抑。你只简单地把问题解释清楚,然后请求他们在实施解决方法的过程中给予帮助,从而让你的学识与经验自动放出光芒。但切记:不要利用地位去达到目的。

5. 以积极的方式结束谈话

问题得到解决,双方都应该对此满意。千万不要使任何一方在离开的时候,仍然怀疑事情是否已经解决。在解决问题以后,应该真心感谢对方的帮助,从而保证谈话在友好的气氛中结束。

沟通的智慧

提建议和意见都要讲究时机、方式和方法。绝大部分的人都好面子，尤其是有身份的人。他们会考虑现场的气氛，对方的情绪，是否适合直抒胸臆等。其实，这并没有那么复杂，在提出意见时，只需要点到为止即可。

中篇
沟通，那些你必须知道的技巧

第五章
恰到好处的态度——打造个人魅力，为自己多赢几分

一、"独角戏"永远不如"对手戏"精彩

沟通交流不是一个人的"独角戏",而是两个人或者一群人的"对手戏";沟通不是漫无目的的讲话,而是交谈双方通过对话,在观点、思想上彼此交流,最终达成某种共识。

试想一下,如果一个人总是侃侃而谈自己的观点,不给他人表达看法的机会。那么,有谁还愿意做他的"听众",而这场谈话也会因一个人的自说自话而变得无聊无趣。

试想一下,当一位售货员,一个劲儿地称赞他的商品如何精致完美,而不给顾客说话的机会,那么,这位顾客会因售货员的"独角戏"而买单吗?答案是否定的。没有人喜欢听别人反复强调一件事情,尤其是在购物中,消费者需要售货员解答他的疑惑,而不是向他灌输自己的观点。

小宇和小东是两个刚刚毕业的大学生,他们一起到一家销售公司应聘,在面试过程中,小宇和小东的表现都很好,所以,他们一起成功被这家企业录取。

在入职两个月后,小宇的销售业绩越来越好,提前结束试用期,成为公司的正式员工。可是,小东的销售业绩却交了白卷,一个客户都没谈成。心灰意冷的小东,想要辞掉工作。小宇听说小东想要辞职的消息后,就找到他了解原因,小东很无辜地说:"我也不知道为什么,客户总是挂我电话,不

愿意听我介绍产品。"

小宇决定帮助小东找到问题的所在，所以他决定听听小东是如何打电话和客户沟通的。

"先生，您好，我是★★★公司的客户经理，我叫小东。不好意思，耽误您几分钟时间。为了回馈您对我们公司的支持与关注，我们特别推出一项超值套餐服务，这项套餐的内容是……这项服务的优点是……"

这整个通话过程中，小东一直在自说自话，和客户基本没有什么有效的沟通。结果也可想而知。听了小东的电话，小宇什么也没说，他只是邀请小东听听自己是如何和客户通话的。

小宇："先生，您好，请问您现在方便通话吗？"

客户："方便，你有什么事情吗？"

小宇："先生，请问您平时会不会经常在外出差呢？"

客户："是啊，我经常出差的。"

小宇："先生，我们公司为了回馈客户对我们的支持与关注，特别推出了一款全国漫游服务套餐，套餐内容丰富，而且非常划算，可以帮助您节省一大部分漫游费用，真的特别适合您这种经常出差在外的商务人士。"

客户："真的吗？你们套餐都包括哪些内容啊，花费、流量都是全国通用的吗？"

……

小宇和客户的通话进行了10多分钟，最后，客户终于被小宇打动，选择购买这款全国漫游套餐项目。

同样是与客户通话，小东只顾一股脑儿地介绍产品，完全不考虑客户的感受，整个通话过程就像他的独角戏。而小宇却通过与客户有效的沟通，在客户的回应中，找到机会成功把产品介绍给客户。由此可见，小宇与客户的"对手戏"不仅比小东的"独角戏"更精彩，同样也卓有成效。

世界著名记者迈克逊曾说："不肯留神去听人家说话，是不受欢迎的原因之一。"很多时候，人们只关心自己应该怎么说下去，而不管人家怎么说。可事实上，人们更喜欢那些愿意听别人说话的人，而不是那些只喜欢说自己话的人。

在生活中，你也许遇到过那种特别喜欢讲话，一旦打开话匣子，就很难停住的人，这种人也被称为"话痨"。事实上，在沟通中，讲话过多，反而容易得不偿失。因为话讲多了，不仅劳神费力，还可能说错话伤了别人。

每个人都有自己表达的欲望，如果几个人聚在一起讲故事，A一个人一直不停地讲了好几个，B和C也想讲自己的故事。可是，A只管滔滔不绝地往下讲，B和C根本没有机会。试想一下，B和C的心里一定不好受，因为他们没有说话的机会。慢慢地，他们自然也会失去对谈话的兴趣，从而让一场谈话无疾而终，甚至是不欢而散。

当我们遏制别人表达欲望时，一定会让对方感到烦恼、气愤。在这种情况下，想要得到认同，几乎是不可能的。所以，在沟通中我们不能唱"独角戏"，而是要适时地让他人发表意见，甚至还要设法引起别人说话的欲望，让人感到你对他人想法与观点的尊重，从而成为一个更受欢迎的人。

沟通的智慧

在沟通交流中，我们讲话不是讲给自己听，而是讲给别人听。所以，不能只顾自己讲话，而忽视别人的感受。如果不顾及他人的反馈，不给别人说话的机会，即使你说再好听的话，也全是无用的废话。

二、勇敢地承认错误也是一种魅力

每个人都无法避免犯错，但不是每个人都有勇气认错。而当我们在沟通中犯了错误，如果一味地为自己辩解，往往只会让事情变得更糟。相反，如果有勇气站出来认错，反而会更容易获得原谅，甚至还会对我们的敢作敢为给予欣赏和敬重。

汤姆逊是一家维修店的新职员，因为工作态度认真，他获得了老板和同事们的一致好评。

有一天，汤姆逊因为一时大意，把一台价值四千美元的汽车发动机以两千美元的价格卖给了一位顾客。同事们都为汤姆逊感到担心，纷纷劝他赶紧把顾客追回来。如果追不回顾客，就只能偷偷垫上两千美元，并且不能让老板知道这件事。可是，汤姆逊觉得这样做不太好，于是，他决定向老板承认错误。同事们听后，都劝他不要认错，因为认错是一种很愚蠢的做法，还会让他失去这份工作。然而，汤姆逊依然坚持自己的做法。

接着，汤姆逊带着两千美元走进老板办公室，说："对不起，因为我自身的原因，今天我让店里面损失了两千美元。我觉得自己非常失败，所以，我打算辞去这份工作，在走之前，请您收下这两千美元的赔款。"

老板听了这番话，沉默了好一会儿，说："汤姆逊，你想好了吗？你真的打算这么做吗？"

汤姆逊坚定地回答："我把发动机价格搞错了，我确实犯下了这个错误，我应该承担这个责任。虽然，我也可以去找那位顾客，但是这样就会损害维修店的声誉。所以，我愿意承担全部责任。"

汤姆逊这种勇于承认错误，勇于承担责任的做法最终打动了老板。在老板看来，每个人都会犯错，但关键是犯错之后有没有承认错误和改正错误的勇气。所以，老板并没有批准汤姆逊的辞职，而是给了他更大的发展空间，并更加器重他。而汤姆逊也因为承认错误而获得了比两千美元更有价值的东西。

犯错不是最可怕的，最可怕的是我们在犯错之后只懂狡辩，不懂承担责任的行为。犯错之后一味地为自己辩解、辩护，不仅很难得到原谅，还会让人对你感到失望。

试想一下，如果汤姆逊像大多数人一样，那他还会得到老板的信任吗？其实，在别人责备我们之前，勇敢地站出来认错，往往不会损害自身形象，还会给人以诚实的印象。

一次，卡耐基带着宠物狗在公园里散步。他觉得公园里的人很少，于是就解开狗脖子上的皮带和口笼，让小狗可以舒服地撒欢。但此时，一位骑警巡查经过，他看到卡耐基的狗，就大声说："你怎么能让那只不戴口笼的狗在公园里乱跑！难道你不知道这样是违法的吗？"

卡耐基轻声地说："是的，我知道，不过我想它不至于在这里伤害人的。"

骑警听了这话，非常气愤地说："你想、不至于……可是法律可不管你怎么去想……你的狗很可能会咬伤这里的小朋友，也许还会伤害这里的其他小动物。不过这次我可以原谅你，下次让我看到你的狗不拴链子，不戴口笼，你就得去跟法官解释了。"

卡耐基连连点点头，答应遵守骑警说的话，并且对骑警的宽宏大量表示感谢。

又一次散步的时候，卡耐基的小狗似乎非常不愿意戴上口笼……于是，卡耐基决定碰碰运气。起初一切还好，但到了一座小山上的拐角处，卡耐基又看到了那个骑警。小狗蹦蹦跳跳地向骑警冲了过去，这下子卡耐基知道事情不妙了。还没等骑警开口，他就上前说："警官，我愿意接受你的任何处罚，因为您上次已经讲过，在公园里狗一定要戴上口笼，不然就是触犯法律。"

骑警听到卡耐基这样说，先是一愣，原本他打算教训这个屡教不改的家伙，现在他决定耐心一点儿："哦……我知道在没有人的时候，带着一只狗来公园散步是很有意思的事情，而且像这样一只小狗也不太可能伤到人。"

卡耐基非常认真地说："可是，它可能会伤害其他小动物啊，比如松鼠。"

"那是你把事情看得太严重了……我告诉你怎么办，你只要让那只小狗跑过山，别让我看到，这件事也就算了。"就这样，卡耐基通过主动承认错误避免了惩罚。

人们往往觉得承认错误是一种很软弱的事情，但其实，拥有承认错误的勇气可以帮助我们战胜一切。罗曼·罗兰说："在你战胜外来敌人之前，得先战胜你内在的敌人。你不必害怕沉沦和堕落，只请你能不断地自拔与更新。"面对错误，我们大可不必遮遮掩掩，而是勇敢地站出来，勇敢地面对，而让人看到你反省的态度与承担责任的勇气，其实也是一种个人魅力的体现。

沟通的智慧

如果你在沟通中犯了错，那么请你勇敢地承认错误。实际上，承认错误并不会给你带来什么可怕的后果。只有愚蠢的人，才会想办法为自己的错误辩解和掩饰，而聪明的人通常会毫不掩饰地承认错误。一个人有勇气承认错误，不仅可以消除罪恶感，还可以更好地解决实质性问题。

三、换位思考，让沟通豁然开朗

"横看成岭侧成峰，远近高低各不同"，也就是说，用不同的角度看庐山，会呈现出不同的样子。在生活中，同一句话，同一件事，不同的人看起来也不尽相同。所以，为了避免角度不同，看法、观点不同而引起的误会，我们一定要学会换位思考。

有一次，爱默生和儿子想让一头小牛进入牛棚。可是，爱默生却犯了一个错误：只想到自己需要什么，不去想小牛想要什么。于是，爱默生用尽全身力气在小牛后面推，儿子则拼尽全力在前面用力拉小牛。可小牛和这父子俩一样，坚持自己的想法，站在原地，无论怎么推拉依然纹丝不动。就这样，双方陷入僵持，谁都不肯让步。

爱尔兰女佣看到这一幕，若有所思。虽然她并不像爱默生一样会写文章，可她知道小牛的感受与习性。因此，她知道不听话的小牛究竟想要什么。接着，女佣走近小牛，把自己的拇指放进小牛的嘴里让它吮吸，小牛立刻变得非常温顺听话，乖乖地跟着女佣进了牛棚。

如果不能换位思考问题，不仅不能在沟通中如鱼得水，就连和动物打交道都会异常困难。在生活中，我们难免会在沟通中遇到一些矛盾与分歧，如果想要解决这些麻烦，就应该及时调整自我，跳出以自我为中心的固有思想，换位思考，从而与对方达成理解，形成共识，最终解决问题。

例如，甲在路上骑车，不小心撞到了走路的乙，其实这只是一件简单的小事。可是双方都站在自己的立场上，抓住对方的错不放，最后争得面红耳赤，甚至大打出手，这样只会两败俱伤。可如果双方能站在对方的立场思考问题，甲考虑乙是不是被撞到有没有受伤，即使乙走路不小心，也要赶快把他扶起来并表示歉意，争取得到乙的原谅；而乙也应该适可而止，想一下自己是不是走路没注意到导致自己被撞。如此一来，双方都站在对方角度考虑，就能更好地解决问题。

一只猪、一只羊和一头牛被主人关在同一个畜栏里。有一天，主人将猪从畜栏里捉了出去，只听猪大声嚎叫，强烈地反抗。羊和牛讨厌它的嚎叫，于是抱怨道："我们经常被主人捉去，都没像你这样大呼小叫的。"

猪听了，回应道："捉你们和捉我完全是两回事，他捉你们，只是取你们的毛和乳汁，但是捉住我，却是要我的命啊！"

因为没有站在对方的角度思考问题，往往会造成许多误解、冲突，从而让沟通变得更加困难。那么，如何才能更好地做到从他人的角度出发，让人际沟通更加顺畅而不是自说自话呢？

第一，明白人与人的差异是必然存在的。即便是一家人或相爱的人，在观念上也不可能完全一致。持有多元的文化观而非"只有一个正确答案"的固执，以更宽容和开放的心态对待他人，沟通就会容易一些。

第二，换位思考，为他人着想也很重要。虽然这做起来很难，完全地理解另一个人几乎是不可能的，但如果能多问问自己："假如我和他一样生长在那样的环境里，经历过那些事情，我的想法会是怎样的？"这样就会更接近对方内心，并理解他人的所言所行。

第三，委婉而恰当地向别人表达自己的观点，能加深理解。缺乏沟通、不愿向人坦露心路历程，双方就会因缺乏深入了解而只纠结于外在的言行。

如果日常生活中能多分享自己的成长故事，多解释自己的想法，他人就会更乐意接受你的观点。

沟通的智慧

每个人的经历不同，生长的环境不同，最终得出的看法往往也不同。所以，很多时候我们很难理解他人的感受，我们在与别人沟通的时候，才要学会换位思考。多站在对方的角度思考问题，认真思考每一句话，这样才能让自己更好地学会什么可以说，什么不可以说。

四、用"知识"武装自己,适时积累谈资

在沟通过程中,每个人都希望自己可以满腹经纶、侃侃而谈,拥有让人羡慕的谈吐和气度。可事实上,我们会受自身了解事物的限制,无法与人就一些有深度、有内容、有意思的话题深入沟通。

为此,很多人会感到懊恼,甚至对自己产生厌恶。其实,只要在生活中注意扩充知识面,慢慢积累谈资,每个人都有机会变成最瞩目的"沟通之星"。那么,我们要具备哪些知识呢?

第一,了解一定的处世知识。处世就是要理解日常生活中的人情世故。如待客、赴宴、探病、致歉、打招呼等。这些都各有一套不成文的习惯说法,且需要特地去学习、钻研。当然,这些也能在周围人的影响下学会。

第二,要掌握一定的世事知识。世事知识指的是社会生活中方方面面的常识、经验、习俗、典故等。一般来说,世事知识就是从社会实践中获得的。不过有时候,人们也会因为没有实践经历而闹出笑话。比如,我们对某地的习俗不了解,这时候就应该认真了解、询问,做到入乡随俗。

第三,必须要掌握一定的文化知识。历史、地理、哲学、经济、法律等各方面的知识都能帮助我们开阔视野,提高内涵,从而让我们在沟通的时候,言论更有内容,更有感染力与吸引力。

工欲善其事,必先利其器。想要和别人愉快、顺畅地沟通,就必须具备

丰富的知识。图书、报纸、电视广播、网络都是我们学习知识、增长见识的工具。即使最擅长讲话沟通的人，也需要通过读书、看报来丰富自己的谈话内容。

著名演说家福克斯每天都高声朗读莎士比亚的著作，以让自己的演讲风格更加完善；古希腊著名演说家狄摩西尼斯亲笔抄写西迪斯的历史著作达八次之多；英国桂冠诗人丹尼斯每天研究《圣经》；大文豪托尔斯泰把《新约福音》读了一遍又一遍，最后可以长篇背诵。

美国总统林肯原是一位著名的演说家，他的优秀口才也得益于阅读，他可以把布朗特、拜伦恩的诗集整本背诵。林肯在白宫的时候，还经常翻看莎士比亚的名著。他征服千万听众的重要武器，就是演说中旁征博引显示出来的博学多才。他以尼亚加拉大瀑布为题进行的一次演讲，可谓精彩无比："远在很久以前，当哥伦布最初发现这一块大陆，当耶稣被钉在十字架上，当摩西率领以色列人渡过红海，甚至亚当从救世主手里出来，一直到现在，瀑布一直在这里怒吼。古代人和现代人一样，他们曾见过尼亚加拉大瀑布，它比人类第一个始祖还老的尼亚加拉大瀑布和现在同样新鲜有力。就连前世纪庞大的巨象和爬虫也曾见过尼亚加拉大瀑布。"

在这段演说中，林肯把历史与传说结合起来，涉及了哥伦布、耶稣、摩西、亚当等一系列在世界发展史上有影响力的人物，且让这条本无生命的瀑布变得生机盎然起来。

在沟通中为了达成自己的目的，一定不能在谈资上偷懒和马虎。也许你觉得每天去记故事和名言，根本没有什么意义。这时，你就要提醒自己，你的每一份积累，将来都可能给你带来收获。而且，长时间和这些信息、资料打交道，提高的不仅是你谈话的能力，还有你的思考能力。

沟通的智慧

想要积累丰富的谈资，还要培养对事物的兴趣。比如衣食住行，不要精，但要样样通。要想得到真正的生活快乐，就要对任何事情都感兴趣，你才能不辜负自己的分分秒秒。这样你才会发现生活原来如此美好，原来有这么多有趣的东西。这样当你和人讲述的时候，你才会把自己的发现，富有热情地讲述出来，从而吸引人、感染人。

五、真诚的态度最动人心弦

在沟通过程中，有些人长篇大论，可是却无法打动别人；有些人虽然寥寥数语，却掷地有声，让人听了顿感热血沸腾。为什么两者之间的差别如此之大？

关键还在"真诚"二字上。因为一个人感情真挚、诚心诚意的表达，最能打动人心。

第二次世界大战期间，为了鼓舞军民抵抗法西斯的疯狂进攻，英国首相丘吉尔进行了一次精彩的演讲：

"我们决不投降，决不屈服。我们要战斗到底。我们将在法国作战，我们将在海上和大洋上作战，我们将满怀希望地在空中越战越强，我们将不惜任何代价保卫我们的本土。我们将在海滩上作战、在田野上作战、在山区作战。我们任何时候都决不投降！"

丘吉尔这段朴实无华的讲话极大地鼓舞了英国人民的战斗意志，并成为盟军取得胜利的一个重要因素。

当与人沟通的时候，说得最多的人并不一定是最受欢迎的人。背得很熟、讲得很顺畅的演讲并不一定就是成功的演讲。如果谈话缺少诚意，言之无物，那么说得再精彩也会失去吸引力，就像美丽的绢花，总是缺乏一种鲜活的魅力。

美国总统大选时，有些候选者在电视上虚情假意地说，要和他的支持者们沟通，但他们却往往浪费了这些大好的沟通机会，他们絮絮叨叨地谈论一些没有实质性、让人没有耐心听的东西。他们擅长把一些简单的事情说得复杂，让人越听越糊涂，这是因为他们的演讲不是发自内心的，是缺少真诚的。而只有真诚的话才能赢得人心。就像白居易说的"动人心者，莫过于情"，用真诚的态度与言语，抓住对方的心，与人的沟通也就成功一半了。

1915年，洛克·菲勒还是科罗拉多州一个普通的小人物。当时，美国发生了工业史上最激烈的罢工，并且持续了两年之久。愤怒的矿工要求科罗拉多燃料钢铁公司提高薪水，当时洛克·菲勒正负责管理这家公司。由于工人情绪激奋，公司的财产遭受破坏，军队前来镇压，很多罢工工人被镇压，因而造成了流血事件。

当时这种情况，可以说是民怨沸腾。可是，洛克·菲勒却在这种环境下赢得了罢工者的信任。那么他是如何做到的呢？原来，洛克·菲勒花了好几个星期与罢工的工人结交朋友，并向罢工代表发表了一次充满真情实感的演说。那次演说之后，不仅工人愤怒得到平息，他甚至还赢得了工人们的好感。

与人沟通的时候，当我们试图取悦他人时总担心所讲的话会让人不满，此时表明我们所说的话可能并不是发自内心的。如果不是出自本意，就不要表现出对某个人或某件事的关切，否则就会弄巧成拙。

真诚的沟通，并不在于讲话有多么流畅、多么动听，而在于是否有真情实感。一次有效的沟通，并不是华丽辞藻的堆砌，也不是恭维话语的长篇累牍。打动人心的沟通，一定是充满真挚感情的。当我们用得体的话语表达出真诚时，你就赢得了对方的信任，建立起相互之间的信赖关系，对方也可能由信赖你的人进而喜欢你说的话。

沟通的智慧

一个人即使可以滔滔不绝、口若悬河地侃侃而谈，但只要谈话内容缺少诚意，那么无论他讲些什么，都会变得华而不实，失去吸引力与说服力。相反，哪怕是最简单的字句，最朴实的言语，只要充满诚意，也会让人感到鼓舞与振奋。

别输在不懂沟通上

第五章 恰到好处的态度——打造个人魅力，为自己多赢几分

六、谦和有礼，拉近彼此距离

古人常常用"谦谦君子"来形容一个人的品行气度。在人际沟通中，谦和有礼同样备受推崇。一位研究社会礼仪的学者曾说过："谦和有礼的话，比一套高贵、华丽的衣服更加能够显示出个人魅力。"

由此可见，谦和有礼的态度，不仅能拉近彼此的距离，还能让人对你产生好感。

一所著名大学的研究生们被导师安排到一家大型企业参观。全体同学坐在会议室里等待企业主管的到来。等待期间，主管秘书给大家倒水，同学们全都呆坐在座位上看着秘书一个人忙前忙后。其中，有一个同学在秘书倒水的时候，轻声说了句"谢谢，辛苦您了"。秘书听了这话，脸上泛起了一丝微笑，虽然这是她听到唯一的客气话，但是她还是感到很开心。

不久之后，主管来到会议室对大家说："欢迎同学们到这里参观。我看有些同学没有带笔记本，这样吧，请我的秘书去拿一些我们的纪念册，大家可以当作笔记本做笔记，同时也能留作纪念。"当主管双手把纪念册发到同学们手中时，大部分同学都很随意地接过纪念册，见到这种情景，主管的脸色也是越来越难看。此时，还是那位同学，在主管把纪念册送给他时，他很有礼貌地站起身来，身体微倾，双手握住纪念册非常有礼貌地说了声："谢谢您！"

主管点了点头，伸手拍了拍他的肩膀问："你叫什么名字？"知道答案后，主管微笑着回到自己的座位上。

两个月之后，那位彬彬有礼的同学的分配表上赫然写着该大型企业的名字。有些同学感到不服气，跑去找导师理论："他学习成绩一般，为什么这家企业会选他而不选成绩更好的人。"

导师看了他们一眼，默默地说："这是主管点名要的，除了学习之外，你们需要掌握的东西还多着呢，谦和有礼就是第一课。"

如今，随着生活节奏的变快，人与人之间即使近在咫尺，可是心与心的距离却越来越远。在沟通交流的时候，直白的言语、谨慎的态度就像是彼此间的鸿沟，让人无法轻易逾越。此时，如果我们谦和有礼地与人交流，用礼貌的言语和友善的态度就能拉近双方的距离。

谦和有礼是一种无形的力量。在谦和有礼的背后，蕴藏的是做人的真诚与礼貌。谦和有礼的话语，在吸引别人注意的同时，也彰显出一个人的人格魅力。那么，我们要如何才能表现出谦和有礼的态度呢？

第一，我们要表现出谦虚友善。在人际交往中，谦虚友善的人往往更容易被人接纳。谦虚友善的人身边总聚集着许多好朋友，因为这样的人总能给人更多的安全感与信赖感。

第二，我们要尽量表现出优雅的言谈举止。优雅的言谈举止不仅能表现出你的良好教养，衬托出你的身份地位，还能让别人对你产生由衷的敬意。

第三，我们要尊重、欣赏他人。想要成为一个谦和有礼的人，就要学会去尊重、欣赏他人。尊重一个人，就要从他的言谈上努力去发现他的优点，用欣赏的态度去关注他。当双方沟通交流的时候，认真地倾听他所说的话，言辞要恳切，态度要诚恳。

第四，我们要有一颗包容的心。人与人之间，由于性格、生活、环境等条件的不同，交流时难免会有冲突。当冲突发生时，谦和有礼的人，就会用宽容的胸怀，多看对方的优点，少看对方的缺点，尽量平息争斗。

沟通的智慧

谦和有礼是一种态度，谁越谦和有礼，谁就越接近高尚，谦和有礼就像一件神奇的衣裳，谁穿上它都会变得更加俊美。谦和有礼更是一种力量，在纷繁复杂的社会中，你总是要面对各种各样的问题，而当冲突横在你面前时，你会选择哪一种态度来面对呢？是不顾一切地发泄心中愤恨，还是谦和有礼、冷静思考呢？答案当然是后者。

中篇
沟通，那些你必须知道的技巧

第六章
与人为善的力量——将心比心，才能更得人心

一、给他人留面子，自己才有面子

鲁迅先生说："面子是中国精神的纲领。"生活中很多人也是"士可杀，不可辱"地捍卫者着自己的面子。如果你知道"面子问题大过天"的道理，在沟通的时候，就要学会给他人留面子。要知道，与人交流时，给对方留足面子，不仅能够避免一些不必要的麻烦，还能为自己赢得更多的尊重与面子。

从前，有个大侠名叫郭解。一次，洛阳某人因与他人结怨而烦恼不已，多次拜托地方上有名望的人士帮他调解，可惜对方一直不给他面子。后来，他找到郭解，请他出面化解这段恩怨。

郭解答应了他的请求，亲自登门拜访了对方，通过大量的说服工作，好不容易才使当事人同意和解。一般来说，郭解已经不负所托，完成了任务，应该立刻抬腿走人。可是郭解却棋高一招，有了更妙的处理方法。

把劝解的话都说完之后，郭解对拜托自己的人说："这件事，听说过去有许多本地有名望的人都来调解过，但最后都没达成和解。这次我很幸运，你也很给我面子，终于解决了这件事。我感谢你的同时，也为自己担心。毕竟我是外乡人，在本地人出面无法解决问题的时候，由我这个外地人完成和解，可能会让本地那些有名望的人觉得面子上过不去。"

他继续说："这件事应该这么办，请你再帮我一次，从表面上做到让大家以为我出面也解决不了问题。等明天我离开此地，本地几位乡绅、说客还会登门，你将面子给他们，算他们完成了此举。拜托了！"

面子可以理解为一个人的尊严，每个人都希望得到别人的理解和尊重。特别是在我国人的眼里，面子代表着极其特殊的意义。所以，我们在与人沟通的时候，一定要懂得留有情面，要学会保全对方的面子。

当一个人感到颜面有光的时候，自然会心情愉悦。此时，沟通也会进入更和谐、更友好的气氛中。值得注意的是，我们在给他人留面子的时候，也要讲究方式方法，否则，很可能会弄巧成拙。

美国经济大萧条时期，有位17岁的姑娘好不容易才找到一份在高级珠宝店当售货员的工作。在圣诞节前一天，店里来了一个30岁左右的顾客。他衣着破旧，满脸哀愁，用一种不可企及的目光盯着那些高级首饰。

姑娘要去接电话，一不小心把一个首饰盒子碰翻，6枚精美绝伦的钻石戒指落到地上。她慌忙捡起其中的5枚，但第6枚怎么也找不着。这时，她看到那个30岁左右的男子正向门口走去，姑娘顿时意识到戒指被他拿走了。当男子的手将要触及门柄时，她柔声叫道：

"对不起，先生！"

那男子转过身来，两人相视无言，足有几十秒。

"什么事？"男人问。他脸上的肌肉在抽搐，再次问，"什么事？"

"先生，这是我的第一份工作。现在找个工作很难，想必您也深有体会，是不是？"姑娘神色黯然地说。

男子久久地审视着她，终于一丝微笑浮现在他脸上。他说："是的，确实如此。但是我能肯定，你在这里会干得不错。我可以为你祝福吗？"他向前一步，把手伸给姑娘。

"谢谢您的祝福。"姑娘立刻也伸出手，两只手紧紧握在一起。姑娘用十分柔和的声音说："我也祝您好运！"

男人转过身，走出门口。姑娘目送他的身影消失在门外，转身走向柜台，把手中握着的第 6 枚戒指放回原处。

大部分人在遇到故事中的事情时，第一反应是严厉地质问对方，甚至会以报警来处理。但女孩并没这样处理，而是彬彬有礼，巧用暗示，照顾了对方的面子。那位男子也很庆幸没有在大庭广众之下丢了面子，且改正了自己的错误。在生活中，践踏别人的面子，只会被视为不通情理，很难在人际交往中被认可。可见，只有懂得尊重他人的面子，他人才能给自己面子。

沟通的智慧

巧妙地维护他人面子，可以帮助我们在人际交往中更受欢迎。虽然有时候，维护面子很困难，但大多数人仍旧会不惜一切去维护自己的面子。在生活或工作中，无论在何种场合下，我们都要学会给对方留面子，不让其陷入尴尬，这样也能避免自己陷入尴尬的境地。

二、面对失意者，请把"得意"留给自己

有人说生活就像一盒巧克力，你永远不知道下一颗会吃到何种味道。当你幸运地品尝了幸福、得意的味道时，也许其他人正在体味伤心、难过的滋味。如在面对一个郁郁不得志的失意之人时，千万不可以炫耀自己的得意。因为你的成功、快乐对他人来说，很可能会是雪上加霜。而一个聪明的人会将自己的得意放在心里，而不是挂在嘴上，更不能把它当作是炫耀的资本。

刘先生经营了一家特色餐厅，因为竞争激烈，生意一直不好，最后刘先生的餐厅只得宣布破产。后来，妻子因为夫妻感情不和，也开始和刘先生闹离婚。就在刘先生感到内忧外患、不堪重负的时候，他的朋友杨先生为了开解他，约了几个朋友一起到家里聚会。

应约而来的人都知道刘先生目前的情况，所以都尽量避免触及与他相关的事情。可是，其中一位朋友三杯酒一下肚，就开始口不择言了，再加上做生意刚赚了一大笔，就忍不住开始大谈他的赚钱经历和消费能力。说到尽兴处，还手舞足蹈，得意之情，溢于言表，这让在场的人都感觉不舒服。而正处于失意中的刘先生更是面色难看，低头不语，一会儿去洗脸，一会儿去上厕所。最后实在听不下去了，刘先生就找了个借口提前离开了。杨先生出来送刘先生时，刘先生非常生气地说："他再怎么赚钱也不必在我面前炫耀，这不是成心气我吗？这种朋友，以后我是不打算再联系了。"

对失意者谈得意事，就像在饥饿的人面前说食物不好吃，在胖子面前抱怨自己太胖一样，你越是表现自己的得意，对方受到的伤害也就越大。虽然对方很可能不会当面对你发作，但是心里对你已经十分厌恶、反感，如此一来，你很可能会失去一个朋友，甚至从此多了一个敌人。

著名的法国启蒙思想家孟德斯鸠说："我从来不歌颂自己，我有财产，有家世，我花钱慷慨，朋友们说我风趣，可是我绝口不提这些，固然我有某些优点，而我自己最重视的优点，却是我的谦虚……"

可见，不在失意者面前谈论自己的得意事，这不仅是道德上的考虑，同样也是人际沟通中的考虑。值得注意的是，即使你身边没有正失意的人，但总会有些境况不如你的人，而当你谈起自己的得意时，难免会让人感到不舒服。所以，聪明的人应该懂得，得意不张扬。当你有了得意的事情，不管是升职加薪，还是升官发财，切忌在不适合的人面前谈论。

很多人可能会感到疑惑：为什么谈论自己得意的事情还要注意场合与人物？明明所有的得意背后都有自己的付出与努力。其实，我们不是要禁止大家提起自己生活的得意，而是要告诫大家：当我们谈论自己收获成功与幸福的时候，很可能会对什么都没有的人造成伤害。所以，从人情道理的方面看，在失意的人面前，把得意的感觉留给自己才是最明智的。

沟通的智慧

每个人都非常重视自己，非常愿意谈论自己，更希望别人重视自己。如果你能让别人谈出你的得意，或者你去说他的得意，相信他们一定会对你有好感，使得你能顺利地达成所有的沟通目的。如果你总主动在他人面前谈及自己的得意，那就只能适得其反，毕竟人总是有嫉妒心的，这一点所有人都得承认。

三、切忌，不可厚此薄彼

"富在深山有远亲，穷在闹市无人问。"人难免会有"攀高踩低"的心理，所以很多时候我们会对身份显赫的人趋之若鹜，而对地位普通的人却爱搭不理。其实，这种做法是极为不明智的。在沟通交际中，厚此薄彼不仅让人感到不舒服，还会失去人心。所以说，因为厚此薄彼，而失去众人的理解与支持，绝对得不偿失。

小李在当地经营一家小超市，刚开始生意还不错，可渐渐地，顾客越来越少。小李有些疑惑，为什么社区里的叔叔阿姨宁愿跑到几站地之外的超市去买东西，也不来光顾自己的店。后来，小李的老婆与人聊天时发现，原来每次店里来了年轻人，小李都会热情地说一句"欢迎光临"，顾客离开的时候，小李还会礼貌地说"欢迎下次再来"。而年纪大的叔叔阿姨，就完全没有享受到这份"礼遇"。因此，他们都觉得自己不受重视，也就不愿意再光顾小李的超市了。

在与人沟通的过程中，可能会有主次、轻重之分，但如果过分地重视一方，而忽视另一方的感受，出现厚此薄彼的情况，就会让人觉得你势利且不会办事。最终，你也只会成为别人眼中趋炎附势的小人。

张峰结婚的时候，在酒店大办宴席，亲戚朋友来了一堆人，同事和领导也都来给他捧场。

"没什么好吃的，大家多担待啊！"

张峰前来敬酒的时候，一边招呼大家，一边说道。

就在张峰客气的工夫，他让人把领导面前半空的盘子全部撤下，把新上的菜全部放在领导面前，热情地为领导斟酒、添菜，而对于其他几位同事，他则只是敷衍地打了一声招呼。

看到这样的场景，几位同事默不作声，其中有人直接放下筷子，菜也不吃了。但张峰竟然一点也没察觉，只顾对着领导大献殷勤……好端端的一席酒宴，让众位同事吃了一肚子气，这恐怕是张峰所始料不及，也是最不愿意看到的。

张峰请大家参加婚礼，原本是为了增进同事之间的感情，最后，反而伤害了同事们的自尊，破坏同事间的感情。其实，邀请领导与同事参加婚宴，对领导表现得足够尊重并没有错。但是因为要照顾领导一个人，而不顾及在场其他人的情绪，那就是大错特错了。虽然领导在工作中起着决定性的作用，但是同事之间的配合同样必不可少。所以，只顾领导，不顾同事绝对是一件得不偿失的事情。

因此，无论是在工作中，还是在家庭琐事中，能不能周全地照顾每个人的感受，就能反映出一个人做事的能力。"世事洞明皆学问，人情练达即文章"，厚此薄彼是与人打交道的大忌，在社会交往中，平等待人，以情待人，才是与人沟通的基本信条。

沟通的智慧

在人际交往中，越来越多的人开始讲究圆滑。圆滑本身无可厚非，但为人处世圆滑的同时，不免流露出厚此薄彼的现象。在与人沟通交流的时候，要尊重每一个人，无论对方处在什么样的位置，都应一视同仁。如果与人交际的时候，厚此薄彼待人，只关注重要人物，对其他人漫不经心，只会伤害他人的自尊和面子，从而为自己的发展埋下隐患。

四、得理不饶人，有失君子风度

人不可以不讲道理，但人也不能为了讲道理就对一切不管不顾。中国有句老话叫"杀人不过头点地，得饶人处且饶人"。我们待人处事，固然要讲道理，但是绝对不能因为"得理"就"不饶人"。

在与人沟通交流的时候，得理不饶人的现象很普遍。有些人觉得道理在自己这边，便会揪着对方穷追猛打，非要逼着对方竖起"白旗"投降。如此一来，问题不但很难解决，反而还会让人际关系变得更差。

一位高僧受邀出席一个宴会，酒宴桌上都是精致美味的素食，突然，高僧发现一盘菜里面竟然有一块猪肉。此时，高僧的小徒弟故意用筷子把肉翻出来，打算让主人看到，谁知高僧却立刻用筷子把肉盖了起来。

小徒弟觉得不甘心，又把猪肉翻出来，高僧则再度把肉遮盖起来，并在小徒弟的耳畔轻声说："如果你再把肉翻出来，我就把它吃掉！"小徒弟听到后，再也不敢把肉翻出来了。

宴会结束之后，高僧辞别主人。回去的途中，小徒弟不解地问："师父，刚才那厨子明明知道我们不吃荤的，为什么把猪肉放到素菜中？徒弟只是要让主人知道，处罚处罚他。"

高僧说："每个人都会犯错，无论是有心还是无心。如果让主人看到菜中的猪肉，他一气之下很有可能当众处罚厨师，甚至还会把厨师辞退，这是我最不愿意看到的。所以，我宁愿自己把肉吃下去。"

每个人的生活背景和价值观都不一样，因此生活中难免就会存在分歧。有些人会在陷入斗争旋涡时，表现得情绪激动、焦躁不安，因此就会出现"得理不饶人"，非要争个你死我活才肯鸣金收兵。可事实上，一味地强调道理，一味地打击别人，即使让你赢得最后的胜利，最终还是会让你失去做人的风度。

"服务员！服务员！"一位顾客略带怒气地高喊着。

当服务员赶来时，他生气地说："你看看，这牛奶是坏的，把我一杯红茶全给毁了。"

"真对不起！"服务员一边道歉，一边微笑着说，"我马上给您换一杯新的来。"

新茶很快就准备好了，碟子和杯子与之前一模一样，放着新鲜的柠檬和牛奶。

服务员把它们放在顾客面前，态度亲切地说："我是不是可以给您提个建议，如果放柠檬就不能放牛奶了，因为柠檬酸会让牛奶结块。"

这位顾客一听，立刻知道自己刚刚闹了笑话，于是，他匆匆喝完茶，狼狈地离开了。

有人问服务员："明明是他的错，你为什么不直接告诉他。他那么粗鲁地叫你，为什么不顺便教训一下他呢？"

"就因为他粗鲁，所以才要用委婉的方式表达，他要是讲道理的人，一开始就不会大呼小叫了。理不直的人，才需要用气壮来压人，理直的人，要用和气来交朋友呢。"

有时候，即使道理确实站在我们这边，也不能抓住别人的小辫子不放，在别人认错的情况，非要逼迫别人当众认错，或者一定要让对方低头，都是极其愚蠢的做法。在生活中，得饶人处且饶人，给对方一个台阶下，让对方保留面子和尊严，才是最智慧的方法。

在生活中，如果你得理不饶人，让对方走投无路，对方就会想方设法寻找"生路"，既然要"求生"，就有可能不择手段，不顾后果。当出现这样的局面时，双方都会受到伤害。所以，饶过他人，放他人一条生路的收益远远超过损失。

沟通的智慧

得饶人处且饶人，不仅是美德，也是智慧。宽容他人的过失，原谅他人的过错，会显出自己的宽人之量，展示出自己的人格魅力，让大家更愿意接近你，与你合作。总之，给人一条生路，放别人一马，往往会使事情得到圆满的解决，也会让别人对我们表示敬重，为日后的沟通创造良好的环境条件。

五、多一点体谅，多一分收获

在生活中，我们很容易就把自己放在第一位，做什么事情，说什么话，出发点都是"我"。可是，在沟通中，如果我们总是想着自己，不考虑别人的想法，不体谅别人的难处，那么，又有谁愿意继续和你打交道呢？如今，很多人觉得设身处地地为他人着想，似乎是一件很傻的事情。可事实上，在与人沟通的时候，如果只是自私地考虑自己，最后只会四处碰壁。相反，如果愿意给他人多一点体谅与理解，反而会多一分收获。

一个华人旅游团前往旧金山游玩。

旅途中，一切顺利。最后一天早上，众人在唐人街用过早餐后，因为离开车还有一个半小时，导游就带大家逛街。然而，当导游带领大家回到车上，并清点人数时，却发现丢了一位游客，是位大陆来的年近七旬的老先生！瞬间，车上的气氛一下子变得紧张而肃静了，五十几个人，没有一个人敢讲话，焦急的目光都聚集在导游和老先生的妻子身上。那位一路上口若悬河的导游，此时什么话都没说，便跳下车飞跑而去。老太太木然地站在车门口。车厢内一片寂静，没有一个人抱怨，没有一个人责备，都无言地望着老太太，投以关切和安慰的目光。

导游跑回来，又跑去。几个来回，已是大汗淋漓。突然，他的手机响了，大家都屏住呼吸听着，只听他说了一个"好"字，便跟司机说了几句，汽车就发动了,大家才舒了一口气!转过几条马路,果然在路边看见一位华人姑娘扶着老先生。自觉羞愧的老先生低着头上车了,老太太不住地抹眼泪。时间整整耽搁了一小时,车上的人谁也没说话。

突然,老太太站起来,拿过麦克风,对大家说:"我说几句。刚才我先生走丢了,误了大家的时间。导游到处找,大家没说一句埋怨话,我很感动,我想唱一句歌表达我的心情'只要人人都献出一点爱,世界将变成美好的人间……'"唱到后面,老太太声音哽咽,泣不成声。此时,车厢内不约而同地响起了一片掌声。

相互体谅,相互理解是人与人交往的基础,当我们愿意设身处地地为他人着想时,他人才有可能与我们建立和谐友好的沟通。试想一下,如果你身边有一个对你充满抱怨、指责的人,你是不是想要尽快远离他。而如果你身边有一个理解你、体谅你的人,你是不是会感到无比温暖。

春秋时,齐国有一对很要好的朋友,一个叫管仲,另一个叫鲍叔牙。年轻的时候,管仲家里很穷,鲍叔牙知道了,就找管仲一起投资做生意。做生意的时候,因为管仲没有钱,所以本钱几乎都是鲍叔牙拿出来投资的。可是,当赚了钱以后,管仲却拿的比鲍叔牙还多,鲍叔牙的仆人知道后,就说:"这个管仲真奇怪,本钱拿的比我们主人少,分钱的时候却拿的比我们主人还多!"

鲍叔牙却对仆人说:"不可以这么说!管仲家里穷又要奉养母亲,多拿一点儿没有关系的。"

有一次,管仲和鲍叔牙一起去打仗,每次进攻的时候,管仲都躲在最后面,大家就骂管仲说:"管仲是一个贪生怕死的人!"

鲍叔牙马上替管仲说话:"你们误会管仲了,他不是怕死,他得留着命去照顾老母亲呀!"

管仲听到之后说:"生我的是父母,了解我的人可是鲍叔牙呀!"

与人交流沟通，我们都希望对方能够通情达理，希望得到对方的体谅与理解。当我们遇到这样的沟通对象时，都会感到无比幸运，甚至还会在心中暗自庆幸。其实，当你遇到善解人意者时，你应该做的是向他好好学习，努力成为一个像他一样让人感到舒服的人。

沟通的智慧

一个人能否设身处地为他人着想，反映出其道德修养的高低、道德自律性的强弱。一个道德修养高、道德自律性强的人，遇事总会设身处地地为他人着想。而凡事若要设身处地为别人想一想，就要通过角色互换的心理体验，更好地理解他人、体谅他人。

六、友好，从真诚的鼓励开始

当人们失意的时候，鼓励的话就像春风一样温暖；当人们缺乏勇气的时候，鼓励的话就像一股动力，鞭策人们勇敢向前。我们每个人都有过犹豫不决，不知何去何从的时候。此时，一句浇冷水的话，只会让人感到泄气，而一句鼓励的话，却能帮助我们重拾斗志，继续努力奋进。

卡耐基小的时候是大家公认的淘气孩子。在他9岁的时候，他父亲把继母娶进门。但是，他们是居住在维吉尼亚州乡下的穷人家，而卡耐基的继母则来自较富裕的家庭。

卡耐基父亲一边向继母介绍他，一边说："亲爱的，希望你注意这个全郡最调皮的坏孩子，他可是让我头疼死了。说不定会在明天早晨以前，他就拿着石头扔向你，或者做出别的什么坏事，总之，他会让你防不胜防。"

听了这番话，卡耐基的继母微笑着走到他面前，托起他的头看着他，接着又看着丈夫说："你错了，他不是全郡最坏的男孩，而是最聪明的男孩。他只是还没找到发泄热忱的地方。"

继母的话说得卡耐基心里热乎乎的，他的眼泪几乎流下来。就是凭着这句话，卡耐基和继母建立了友谊。也就是这句话，成为激励他成功的一种动力，让他在之后创造了28项黄金法则，帮助千千万万的普通人走向成功和致富的光明大道。因为，在继母之前，没有一个人称赞过他聪明，他的父亲和邻居都认定他就是坏孩子，但是继母只说了一句话，就改变了他的人生。

卡耐基14岁时，继母给他买了一部二手打字机，并对他说，她相信他会成为一位作家。卡耐基接受了继母的想法，并开始向当地一家报纸投稿。他了解继母的热忱，也很欣赏她的那股热忱，他亲眼看到继母用自己的热忱如何改善他们的家庭。来自继母的这股力量，激发了他的想象力和创造力，帮助他成为20世纪最有影响力的人物之一。

在与人沟通交流的时候，一句真诚鼓励的话，就可以帮助人们重新树立自信心。而这些鼓励的话语，则会让对方感动，甚至感激。每个人都希望与那些能给人鼓励，激发人向前的人交往，谁也不会希望与那些只会说丧气话的冒失鬼交往。所以，从现在起学着真诚地鼓励身边的人吧！

第一，要很有诚意，不能表现得很虚假，这样让别人看起来感觉你是在奚落，甚至是嘲讽他。一定要让朋友看出你的认真和热情，觉得你十分在意他，这样他可能会接受你的鼓励。总而言之，诚意是第一步。

第二，在鼓励别人的时候，尽量不要把自己的优秀说出来，这样会令他感觉你是在炫耀自己，会很快地排斥你的。你可以试着用"别人以前也是这样帮助我的""我觉得这样会挺管用，你不妨试试"等，去分享一些有用的经验。

此外，既然要鼓励别人放下不开心，还要尽可能地让他们觉得问题没有他们想象的这么困难，这些问题是可以解决的。然后再给他们不断地缓解内心的压力和紧张，让他们逐渐地摆脱不佳的状态。

第三，鼓励别人，给予他们希望是很重要的。人总是应该有希望的，当心情不好的时候，给予他们希望，会让他们更快地走出心理阴影，摆脱烦闷的心情。因此，在鼓励劝说别人的时候，一定要给予他们希望。

沟通的智慧

鼓励和夸奖对任何人来说都是有用的。每个人都需要鼓励,特别是在人失意的时候。人无完人,每个人的不足之处一定会有,这是不可避免的。劝说别人时,我们应该把责骂换成鼓励,因为责骂只能让人感到不自信,而鼓励能给他人增加信心与斗志。

七、宽容大度，学会给对方台阶下

人们常说"三十年河东，三十年河西"，没有谁可以知道未来的路将去向何方。既然我们不知道未来会发生什么，那么，又何必对当下斤斤计较呢？在生活与工作中，无论是做人还是做事，宽容大度，总比小气、爱计较更得人心。所以，在沟通交流中，与其咄咄逼人不如给对方一个台阶下。

一家知名广告公司宴请客户，公司总经理让新来的客户经理作陪。饭局定在了高档酒店，前来赴宴的都是公司最重要的客户。酒席宴间，宾主把酒言欢，气氛甚是和谐。酒过三巡，一位客户将手臂搭在总经理肩上，略带醉意地说："五花马，千金裘，呼儿将出换美酒。酒真是个好东西，也难怪诗仙杜甫连好马也不要了。"

听了客户的一席话，有人连连点头表示认同，还有大赞客户高雅有品位……突然，客户经理大声说："这位先生搞错了吧，诗仙应该是李白，什么时候变成杜甫了？"此话一出，气氛瞬间凝固，客户的脸也开始变色。

总经理见事情不妙，赶紧举起酒杯说："管他什么诗仙不诗仙的，我们干了这杯，大家就都是酒仙了。"于是，大家又开始频频举杯，将此事放在一边了。可是客户经理却还在和身边的人说谁是诗仙、谁是诗圣的问题。总经理看了看他，脸色越来越难看。

宴会刚刚结束，总经理把客户经理叫到一旁，说："我们是在宴请客户，不是和客户谈判。没必要一定要争个是非对错。客户一个小错误,本来也不是什么原则问题,没必要揪着不放。你倒好,对客户咄咄逼人,一点儿不给别人台阶下。将来人家和你打交道,一定也不会给你台阶的。"

果然,如经理所说的,客户经理在日后和这位客户打交道的时候,没少受到刁难。后来,他因为处处受挫,只得辞职离开这家广告公司。

这位客户经理错了吗?他提出的问题是对的,但他这种不懂给别人台阶下的行为绝对是大错特错的。当我们觉得自己无比正确的时候,咄咄逼人的态度,只会让我们变得面目可憎。而容忍别人错误的宽容大度,才更能凸显我们的气度。

卡耐基去参加一个重要演讲活动,出发前,他的秘书莫莉把演讲稿放进了公文包里。演讲开始后,卡耐基微笑着从皮包里取出演讲稿,并照着上面的文字读了起来。立即,台下爆笑如雷,人们交头接耳议论纷纷。

卡耐基很快反应过来,莫莉把他的演讲稿弄错了!当时他心里十分生气,打算演讲结束后就将莫莉辞退。可他还是忍着怒火,让自己尽快平静下来。接着,他幽默地说:"女士们,先生们,刚才只是跟大家开了一个玩笑,下面我们正式进入今天的话题。"虽然没有演讲稿,但卡耐基还是获得了巨大的成功。

演讲结束,卡耐基回到办公室,莫莉微笑着迎上来说:"卡耐基先生,您今天的演讲一定很成功吧。"

"是的,非常成功,台下掌声不断。"卡耐基说。

"那真是祝贺您了!"莫莉开心地说。

"莫莉,你知道吗?我今天给人家讲的是'如何摆脱忧郁创造和谐',我从包里取出讲稿,刚一开口,下面便哄堂大笑。"

"那一定是您讲得太精彩了。"

"的确精彩，我读的是一段如何让奶牛产奶的材料。"说着卡耐基将手中的讲稿递给了莫莉。

莫莉感觉十分抱歉，低着头说："对不起！卡耐基先生，我太粗心大意了，让您丢脸，真是不好意思。"

"没关系，因为你，我反而发挥得更好，我还要谢谢你呢！"

卡耐基并没有直接批评莫莉，而是表现出了宽容大度。从那之后，莫莉再也没有犯过类似的错误。

没有人可以避免犯错，所以在面对别人错误的态度时就显得极其重要了。当错误出现时，我们希望得到的最佳结果是改正错误，不再让类似的错误出现。而此时，揪着别人的错误不放，并不能很好地解决问题。宽容的态度，给对方应有的尊重，让对方抱有颜面有台阶可下，才能收获更圆满的结果。

沟通的智慧

心理学研究表明，没有任何一个正常人愿意把自己的过错或者隐私暴露在他人面前，当错误或者隐私被曝光，就会让人感到难堪和愤怒。所以，在人多的公共场所，我们一定要尽量避免让对方当众出丑。如果对方犯了错，可以暗示或轻声提示。但一定不能做得太过，点到为止即可。

中篇
沟通，那些你必须知道的技巧

第七章
风趣幽默的艺术——让别人快乐，自己也会快乐

一、自嘲，释放你的善意

幽默常常给人带来愉快与轻松，让人可以更顺畅地沟通，而自嘲被视作是幽默的最高境界。一个人能够自我调侃，代表着他心胸开阔，为人宽厚。没有豁达乐观的态度，是很难做到自嘲的。在别人嘲笑你之前，先学会自我嘲讽，不仅可以活跃气氛，同时还能增加人情味，并释放更多友善的气息。

有一位霍老师，年纪不大却因为脱发，头顶上出现了"不毛之地"。有一次，他给一个班代课。刚一走进教室，他就听到有人说："天哪，好亮啊！"当霍老师走上讲台后，有个学生就开始哼起"照到哪里哪里亮"的曲调，引得全班同学哄堂大笑。

此时，霍老师走到那位调皮的学生面前，问道："你叫什么名字？"这位学生红着脸站了起来。此时全班默无声息，似乎在等待一场雷霆的爆发，可是霍老师轻轻地拍拍学生的肩膀，平静地对他说："请坐下吧，课堂上唱歌可不好呀！"

说完，霍老师又接着拍了拍自己的头，爽朗地笑了起来，说："不过，这也太显眼，太引人注目了。你们也许听说过'热闹的马路不长草，聪明的脑袋不长毛'吧。"这句话又把全班同学逗得大笑起来。

后来，霍老师很直爽地聊起了自己因病脱发的原因。最后，他还加了一句："头发掉光了也有好处，至少以后我上课时教室里的光线明亮多了。"

此话一出，同学们又是一阵大笑，霍老师也开怀大笑。在笑声中，师生之间形成了有效的沟通，缩短了距离，化解了可能产生的紧张和对立。在笑声中，同学们感受到了霍老师的幽默豁达。从此，霍老师上课的效果也格外的好。

在生活中，自嘲是一种沟通手段，同时也是一种个性的体现。善于自嘲的人，语言表达能力都较强，而且机制灵活，善于应对，可以把自己遇到的事情拿来自我调侃。所以说，自嘲显示了一个人的语言艺术和心灵智慧。在社交的场合中，只要将自嘲的智慧应用得当，不仅可以摆脱困境，还能让自己脱颖而出。

在某俱乐部举行的一次招待会上，服务员倒酒时，不慎将红酒洒到一位宾客那光亮的秃头上。服务员吓得手足无措，全场人目瞪口呆。这位宾客却微笑地说："朋友，你以为这种治疗方法会有效吗？"

在场的人闻声大笑，尴尬的局面即刻被打破了。这位宾客借助自嘲，既展示了自己的大度胸怀，又维护了自我尊严，消除了耻辱感。

可见，适时地自我调侃，不失为一种良好的修养气度、一种充满张力的沟通技巧。在人际沟通中，当遇到被对方责难的时候，大可不必把时间花在气愤和难过上，而是要懂得自嘲，因为对别人挑剔指责很可能是他的习惯。如果我们反唇相讥只会激化矛盾。相反，自嘲则能转移注意力。

喜剧女演员卡洛·柏妮，有一次坐在餐厅里用午餐。这时，有一位老妇人走向她的餐桌，举起手来摸摸卡洛的脸庞。当她的手指滑过卡洛的五官时，还带着歉意说："我看不出有多好看。"

卡洛微笑着说："确实没多好看。"

被素不相识的人摸脸，绝对是非常无礼的行为，这位老妇人充满恶意的言语，更是尖酸刻薄。试想一下，如果卡洛·柏妮是个心胸狭窄的人，那么一场争斗在所难免。可是，卡洛·柏妮坦然承认自己没多好看，用嘲笑自己的方式，即讽刺了对方，又保住了自己的风度。同时，还表现出一种大度的气魄，在精神上战胜了对方。

沟通的智慧

自嘲运用得好，可以帮自己解围，同时显示出自己的智慧与风度。但是，如果运用得不好，就会让人反感，造成交谈障碍。所以，自嘲时一定要审时度势，不能乱用。比如，对话答辩、座谈讨论、调查访问等，就不宜使用自嘲。此外，自嘲还要避免出现玩世不恭的态度。

二、诙谐幽默是治愈尴尬气氛的良药

在与人沟通交流的过程中，我们或多或少都会遇到冷场、沉闷、不快等尴尬场景，在这种环境下，幽默就像一剂良药，可以让痛苦变为愉悦、让沉默变得热闹、让尴尬转为融洽。

萧伯纳是英国著名的作家，他的作品《武器与人》被搬上舞台后，大获成功。可是当萧伯纳走上舞台准备向观众致意时，突然有一个人对他大声叫喊道："萧伯纳，你的剧本糟透了！没有人爱看！收回去，停演吧！"

面对这样激烈的言语，观众们先是大吃一惊，然后开始为萧伯纳担心。可是，萧伯纳不但没有生气，反而面带笑容地向那个人深深地鞠了一躬，彬彬有礼地说："我的朋友，你说得对，我完全同意你的意见。"他又指了指剧场中的其他观众说，"但遗憾的是，我们两个人反对有什么用呢？我们能够阻止这场演出吗？"他的话瞬间引起了全场一阵响亮的笑声，紧接着，台下响起暴风雨般的热烈掌声。而那个故意寻衅的人自讨没趣，灰溜溜地走了。

人们之所以会在沟通交往的时候陷入困境，往往是因为在特定的场合做了不合时宜或者不合常理的事情，而旁人又不便于直接指出这种举动的不合理，于是就会导致局面的进一步尴尬或僵持。在此情形下，最行之有效的方式就是用幽默的话语，来缓解紧张、压抑、尴尬的气氛。

美国前总统里根是一个极富幽默感的人，他曾经说过："在生活中，幽默促进人体健康；在政治上，幽默有利于自己的形象和得分。"里根总统的这番话可谓有理有据，因为他经常以幽默来化解尴尬。

一次，里根总统到加拿大访问，当他在某地进行演讲的时候，一些反美示威的人高喊反美口号，这让里根的演讲不得不时刻中断。

陪同里根的加拿大总理皮埃尔·特鲁多见此情形，觉得这些人对美国总统简直太不尊重了，为此，他紧锁眉头。然而，面对这种无比难看的场面，里根总统却依然表现得轻松淡定。

里根总统面带微笑地说："这种事情在美国经常发生。我想这些人一定是特意从美国赶到贵地的，他们没有恶意，只是想让我有一种宾至如归的感觉而已。"

原本感到尴尬难堪的特鲁多听了这话后，也立刻释然了，还跟着里根一起开怀大笑起来。

除了他人刻意制造的难堪场景之外，有时候我们在与陌生人交流的时候，也会因不熟悉、无话可谈而陷入冷场尴尬的境地。此时，要摆脱这种困境，最好也可以幽默一下。

一位年轻小伙去参加朋友的婚礼，同桌都是陌生的面孔，宴席还没开始，大家都安静地坐着，气氛非常沉闷。小伙子见状，便讲了一个笑话：一个美国人参加一对中国朋友的婚宴，出于礼貌，他称赞新娘漂亮。新娘谦虚地说："哪里！哪里！"美国人不知道汉语"哪里，哪里"还有谦虚的意思，不禁大吃一惊，感觉中国人更喜欢具体的称赞，于是，就用生硬的中国话说："鼻子、眼睛、眉毛……"大家听到此处，开始忍俊不禁地笑出来，于是，沉闷的气氛也一扫而光。

在生活中，过于严肃和枯燥的事物往往不易被大家接受，所以，我们才应该想方设法地用灵活、幽默的方式来处理事情。在一些交际场合，如果大家因为某些问题而陷入尴尬的场景，只会让沟通变得异常困难。为此，我们就要想办法用诙谐幽默来把原来僵持的场面激活，以便交际沟通可以顺利进行。

沟通的智慧

生活中的任何事物之间看似风马牛不相及，其实只要细心体味、挖掘与联想，总能找到内在联系。通过诙谐幽默缓解尴尬气氛同样如此，我们要根据事物、事件同语言之间的关系，进行巧妙地推衍联想，从而将两者紧密结合起来，做出一些让人感到愉快、高兴的解释，让对方从烦恼和不悦的情绪中解脱出来，从而增进人际关系的和谐。

三、假装糊涂彰显幽默的智慧

很多人都觉得智慧与糊涂是两个完全对立的事情，可事实上，有时候智慧就隐藏在假装糊涂的幽默中。当意外发生的时候，如果没有及时妥善地处理，事情就会愈演愈烈，气氛也只会更加难堪。此时，"难得糊涂"一下，让风趣幽默的应变巧妙地解决问题反而更合适。

某天，一名叫高山的小伙子骑自行车时不小心骑到了道路的左边，正巧和李牧骑的自行车撞了个正着。李牧被撞得摔了一跤，立即火冒三丈，爬起来对着高山就是一通嚷嚷："你这人有没有学过交通规则啊，骑车为什么不靠右边走？"

对面李牧的怒吼，高山借用了一位名人的话来答复对方："如果所有的人都靠右行，那么左边的路不就全空着了嘛！"

这句看起来有些痴言傻语，却引得对方"扑哧"一笑。接着，高山又向对方道了歉，两个人客客气气地分手了。一场冲突就这样被高山的"假装糊涂"排解了。

假装糊涂的幽默是表里不一的，表面上看起来"痴傻"，可实际上却是智慧过人。当我们把智慧隐藏在木讷的外表下时，对方只能通过我们表面的样子，感受幽默的智慧与力量。假装糊涂的幽默要求我们不能张扬，而是不动声色，然后才能令人大吃一惊，继而产生思考，最后发出会心的一笑。

普希金年轻的时候还不出名。有一次，他在彼得堡参加一个公爵家庭的舞会时，邀请一位年轻漂亮的贵族小姐跳舞，这位小姐傲慢地看了普希金一眼，冷淡地说："我不能和一个小孩子一起跳舞。"

普希金没有生气，微笑着说："对不起，亲爱的小姐，我不知道您正怀着孩子。"说完，他很有礼貌地鞠躬，随即离开了舞厅。

普希金用假装糊涂巧妙地化解了自己的尴尬，同时也有力地回击了那位贵族小姐的傲慢无礼。如果普希金没有幽默感，没有"糊涂"，而是直截了当地回击对方。结果只能让自己难堪，让气氛变得紧张。

即使你觉得自己足够聪明，在遇到让人难堪或尴尬的场景时，还是可以假装糊涂一下的。因为有时候小聪明不能解决的问题，假装糊涂的幽默智慧反而会帮助你走出困境。

总之，在人际交往中，假装糊涂是高度机智的产物，对方知道你在"装痴扮傻"，但从你"痴言傻语"中流露出的风趣与幽默，反而能帮助我们解决实际问题。

沟通的智慧

与人沟通交往的时候，可以适当运用一下糊涂的幽默智慧。比如，你朋友的皮肤比较黑，你可以让他少吃一点巧克力；如果你朋友脸色发黄，你就可以建议他少吃一点儿香蕉。当你越是把不可能的事情联系到一起时，就显得你的"糊涂"、幽默和智慧。

四、安慰他人，大可以幽默一把

人生不经历风雨，又怎么有机会见到彩虹。可是当风雨袭来时，人们又不可避免地要承受一定的打击。当一个人正处在困境中的时候，最需要的莫过于身边人的开解与宽慰。很多人觉得安慰一个人，"心灵鸡汤"最有效。可事实上，风趣幽默的话其实也能有效地愈合伤口。

老程是个乐观开朗的人，很多人都喜欢和他打交道。有一次，老程去医院探望一个因旧病频频复发而多次住院的老朋友，看到朋友憔悴的面容、痛苦的表情，老程感到自己必须要鼓励朋友战胜病魔，重获健康。于是，他以自己战胜病魔的经历，做了一段风趣的现身说法：

"这家监狱（医院）我可是非常熟悉，因为我曾经是这里的'老犯人'，被'关押'在这儿大概有三个多月呢，对这里的各种'监规'我可是了如指掌。但是我'沉着应战'，毫不气馁。那时，我每次自己提着输液瓶上厕所，都被病友们笑称是'苏三起解'。有时三五天吃不下饭，就直接跟医生说我要'绝食抗议'。有时难受得我接连几天睡不着觉，我就干脆在床上'静坐示威'。我就这样'七斗八斗'地坚持了三个月，终于得到了'解放'。你看现在'刑满释放'的我多么神采奕奕！你可得向我学习，可不能被'五进宫'吓怕了。坚持住，只要像我这样'不断斗争'，很快就会大获全胜！"

老程这段慷慨激昂的话，说得老朋友和同病房的人全都眉开眼笑，原本沉闷的气氛瞬间消失，大家的心情也都轻松多了。

很多人都遇到过朋友生病的情况，生病中的人最需要安慰。可是，一般大家在探望病人的时候只是讲几句"有没有好一点儿啊！""感觉你脸色还不错，恢复的应该很好吧""你的精神好多了，加油啊！"……其实，这些客套的话语，除了表示礼貌，很少能让人感到宽慰。相反，安慰病人的时候如果能适时地幽默一下，或许就能像春风吹走乌云一样，让病人见到一点阳光。

在生活节奏越来越快，压力越来越大的今天，很多人会面临失业、失恋的困境。此时，失落、失望的心情最需要安慰。而风趣幽默的语言，却能帮助人一扫心中的"雾霾"。

王倩是个初入社会的职场新人，因为很多事情还不懂，在工作上总是犯错。结果，老板一气之下把她辞退了。苏颖是王倩的朋友，听说她被辞退了，就打电话安慰她说："你不是才抱怨每天睡得比狗晚，起得比鸡早吗？这下终于可以睡到自然醒了。再找一份工作，你还能数钱数到手抽筋呢。"听了苏颖的话，王倩也破涕为笑了。

还有一次，王倩在情人节前失恋了，整天茶不思、饭不想，躺在床上长吁短叹，朋友们都不知如何安慰她。于是，苏颖又安慰她："快停止叹息，下床吧！难道失恋的滋味那么好，值得你不吃不喝地躺在床上细细品味？"

幽默的安慰总是能让朋友解除失意时的压力，把他们从个人的痛苦中拉出来，把坏心情赶走，让他们重新振奋精神，脱离那些不愉快的窘境。

沟通的智慧

幽默的力量不容小觑，一个小故事，一个小笑话，往往就可以扭转乾坤，从而让痛苦失意的人重新振作；让饱受病痛折磨的人，有勇气、有力量去对抗病魔；让失败受挫的人，找到重新出发的勇气。生活中，每个人都应该学会运用幽默的力量，给身边的带去一些宽慰。

五、幽默地回击对方，才能赢得漂亮

与人为善是一种传统美德，可是有些时候，有的人就是没办法很善意地对待他人。我们与人沟通交流，无可避免地会遇到一些不怀好意、心存不满的人。当他们出口伤人的时候，你的愤怒、你的气恼，甚至是你的暴力都只会让他们更加嚣张。如果你换个态度，用幽默回击他们，反而让对方无地自容。

一位女作家的新作刚刚发表，受到各界好评，却引起一位男作家的嫉妒。有一次文学界举行聚会，许多人当面向女作家表示祝贺，称赞其作品的成功。女作家一一表示感谢。忽然那位男作家分开众人，挤到前面，大声向女作家说道："您这部书的确十分精彩，但不知您能否透露一下，这本书究竟是谁替您写的？"

女作家正陶醉在众人的赞扬声中，冷不防竟会被问这样的问题，就在她一愣的刹那，已有人在偷偷地发笑了。女作家马上镇静下来，露出谦和的笑容，对男作家说道："您能这样公正恰当地评价我的作品，我感到十分荣幸，并向您表示由衷的感激！但不知您能否告诉我，这本书是谁替您读的呢？"

当我们面对挑衅的时候，并不需要正面的回击，有时候幽默的回应，反而更能帮助我们摆脱困境。机智巧妙又不失风趣的应答，在瓦解对方略带恶意的攻击时，也充分展示了自己的智慧。

生活中，总有一些人喜欢故意找麻烦，想让别人下不了台，如果你视而不见，就会显得软弱可欺。相反，如果你化被动为主动，以幽默的言语反唇相讥，既能让挑衅者无言以对，也能在主动中完美地回击对方。

战国时期，齐国大夫晏子出使楚国。楚王想在接见他之前侮辱他一下，以此来挫一挫齐国的威风。楚王派人把城门紧闭，然后在城门的边上凿了一个仅能容纳一人通过的小洞，让晏子从这个小洞钻进城来。

晏子只是轻蔑地一笑，说："只有出使狗国的人才从狗门进去，现在我是出使堂堂的大国楚国，怎么能从这样的狗门进去呢？"楚王听了此话，竟然无言以对，只好命人把城门打开，让晏子近来。

楚王接见晏子时，看他身材矮小，就挖苦地说："难道齐国没有人了吗？"

晏子随口应答："齐国临淄大街上的行人太多了，一举袖子就能把太阳遮住，流的汗像下雨一样，与你们比肩接踵，怎么会没人呢？"

"既然有如此多人，为何会派你这样的矮子为使臣？"

"我们齐王派出使者是有标准的，最有本领的人，派他到最贤明的国君那里去。我是齐国最没出息的人，因此被派到楚国来了。"

晏子面对楚王的种种刁难，并没有表现出气恼的情绪。他从容不迫地运用机智和雄辩，打击了对方的嚣张气焰，捍卫了自己的尊严。在与人沟通的时候，我们同样可以像晏子一样，用智慧、用幽默回击对手，让自己赢得精彩，赢得漂亮。

沟通智慧

在沟通中，当有人故意挑衅说些攻击性的话时，气氛会瞬间变得异常尴尬。此时，如果你缺乏镇定，大惊失色，或是缺少智慧的口才，那只能手足无措。所以，遇到别人故意找麻烦的时候，首先要保持冷静，然后随机应变，给自己解围以应对尴尬局面。

六、让拒绝幽默起来

与人沟通的时候,最让人感到不安的话题就是拒绝。因为,当我们对他人表示拒绝时,会让对方感到很不开心,没有人喜欢被拒绝。但当我们用幽默的方式表达自己拒绝的态度时,或许对方接受的可能性会大大提升。

每个人都喜欢得到"可以"的回应,但当条件允许的时候,也要在该拒绝的时候说"不"。如果你不懂得拒绝,只能成为满足别人需要和欲望的牺牲品。此时,如何把拒绝的话说得更动听,就成了一个关键问题。可以说,幽默是让人痛快接受拒绝的最佳方式之一。所以,每个人都应该掌握一点幽默拒绝他人的技巧。

如果你还在为如何拒绝他人而感到苦恼,那你可以学习以下几点。

1. 故意曲解

当你无法向对方表示拒绝的时候,你可以巧妙地把对方的意思解读为另一种含义。此时,你的回应既不会显得无礼,同时也能让对方明白你的真实意思。

美国总统威尔逊在任新泽西州州长时,接到了来自华盛顿的电话,对方说新泽西州的一位议员,也是他的一位好朋友刚刚去世了。威尔逊在震惊的同时,还取消了当天的一切约会。几分钟后,他又接到了新泽西州的一位政治家的电话。

"州长先生。"那人结结巴巴地说,"我……我希望代替那位议员的位置。"

"好的。"威尔逊对那人迫不及待地态度感到很反感。于是,他平静地回答那个人,"如果殡仪馆同意的话,我本人是完全同意的。"

2. 含糊回避

有一天,庄子向监河侯借贷,监河侯敷衍他说:"好啊,等过一段时间,我去收租,收齐了就借你三百两金子。"

监河侯的敷衍很有水平,不说不借,也不说马上借,而是说过一段时间收租后再借。这话有好几层意思:一,我目前没有,现在不能借给你;二,我也不是富人;三,过一段时间不是确指,到时我不借再说。庄子听后,相信已经很明白了,但他不会怨恨什么,因为监河侯并没有说不借他,只是过一段时间再说而已。

3. 巧妙借喻

在与人沟通时,借喻的使用一方面可以更生动、形象地表达你想要传达的内容,另一方面也能巧妙表达你真实的意思。此外,幽默的借喻还能展示你的智慧。

著名作家钱钟书先生不喜欢在媒体上露面。由于他的《围城》再版之后,又被拍成了电视剧,在国内外引起了不小的轰动。因此,不少新闻机构的记者都想约见采访他,但均被执意谢绝。

一天,一位英国女记者好不容易打通了他家的电话,恳请让她登门拜见。钱老一再婉言谢绝没有效果,他就对英国女士说:"假如你吃了一只鸡蛋,觉得不错,何必要认识那个下蛋的母鸡呢?"最终,女记者只好放弃了采访。

4. 委婉含蓄

在与人沟通中直接地拒绝,往往会让对方的处境十分尴尬,同时,也会显得自己很没礼貌。相反,如果你能委婉含蓄地表达"不",就可以在表明立场的同时，尽量给对方留有余地和面子。

富兰克林·罗斯福在成为美国总统之前，曾经在海军部担任要职。有一次，他的一位好朋友向他打听海军在加勒比海一个小岛上建立潜艇基地的计划。罗斯福神秘地向四周看了看，压低声音问道："你能保密吗？"

"当然能。"

罗斯福微笑着对他说："我也能。"

5. 虚拟假设

有些情况直白地表示拒绝可能会对对方造成一定伤害，此时，用虚拟假设的场景来表达你的意思，就可以举重若轻地化解拒绝的伤害。

有位演技很好但学历不高的漂亮女演员，对萧伯纳的才华早就敬而仰之。平时生活在众星捧月环境中的她，总以为自己应该嫁给天下最优秀的男人。一次宴会中，她和萧伯纳相遇了，她自信十足，以最迷人的音调向萧翁说："如果以我的美貌，加上你的天才，生下一个孩子，一定是人类最最优秀的了！"

这位大文豪立刻微微一笑，不疾不徐地回答："是啊。可是如果这孩子长成了我的貌和你的才，那将是怎样的呢？"

这位美女演员愣了一下，随后明白了萧伯纳的拒绝之意。她失望地离开了，但她一点也不恨萧伯纳，反而成了他最忠实的读者和好朋友。

沟通的智慧

在与人沟通的时候，拒绝难免会被理解为不给对方面子，或不尊重对方。如果你不想因为坚持自己的立场，而被他人误解，你就要学会以幽默的方式表示拒绝。当你以幽默的智慧，巧妙地向别人表示"不"的时候，对方的不快与不满很可能会因你的幽默而减轻，甚至一笑了之。

> 中篇
> 沟通，那些你必须知道的技巧

第八章
赞美他人的风度——想要好机会和好运气，先学会说好话吧

一、源自内心的真诚赞美最可贵

赞美就像一支火把，在照亮他人的同时也能温暖自己。在与人沟通时，一句赞美的话，不仅能让我们收获更多的善意，还能为我们赢得信任与支持。大作家马克·吐温说过："一句美好的赞语能使我多活两个月。"每个人都希望被人称赞，但只有发自内心真诚的赞美，才会让对方为之动容。

1852年秋天，屠格涅夫在打猎的时候，无意间捡到一本皱巴巴的《现代人》杂志，他随手翻了几页，就被一篇题目叫《童年》的小说吸引住。这篇小说的作者是一个初出茅庐的无名之辈，但屠格涅夫却对他格外欣赏。

后来，屠格涅夫四处打听作者的住处，最后，他得知小说的作者是一位由姑母抚养长大的孩子。屠格涅夫就托人找到了作者的姑母，并且真诚地表示了对作者的欣赏与赞美。姑母很快就写信给侄子："你的第一篇小说在瓦列里杨引起了很大反响，大名鼎鼎的屠格涅夫逢人就称赞你。他说'这位青年人如果能继续写下去，前途一定不可限量。'"

作者收到姑母的信后，欣喜若狂，他原本只是因为生活苦闷才开始写小说发泄心中的寂寥。因为屠格涅夫的欣赏，一下子点燃了他心中的火焰，找到了人生的价值。

后来，他一发不可收拾地写下去。最终这位被屠格涅夫称赞的青年，成为了享誉世界的思想家和艺术家，这位作者就是列夫·托尔斯泰。

赞美就像一股无形的力量，可以鞭策我们不断向前，不断完善自己。当我们发自内心真诚赞美他人的时候，不仅是表达我们的情感，同时也给了他人积极向上的动力。与人沟通，善于真诚地赞美他人，往往会得到超乎想象的回报。

非洲某个部落的酋长有三个女儿，前两个女儿生得漂亮又聪明，且都被人用9头牛当作聘礼娶走了。在非洲，9头牛是最高规格的聘礼。酋长的第三个女儿因为长得不漂亮，又很懒惰，所以没有人肯出9头牛来娶她。

后来，一个从远方来的游客听了这件事情，就对酋长说："我愿意用9头牛娶你的女儿。"酋长非常高兴，就把女儿嫁给了这位游客。

几年之后，酋长去看望远嫁他乡的三女儿。没想到，女儿变成了一个气质超俗的漂亮女人，而且能亲自下厨做美味佳肴来款待他。酋长很震惊，偷偷问女婿："难道你是巫师吗？你是怎么把她调教成这样的？"

女婿说："我没有调教她，我只是始终坚信你的女儿值9头牛，所以她就一直按9头牛的标准来要求自己，就如此简单。"

真诚的赞美就像一种心理暗示，可以发挥神奇的作用。如果你试着发自内心地赞美你身边的人，那么你就会发现他们正朝着你所希望的方向，逐渐地发生着改变。

值得注意的是，虽然人人都爱听赞美的话，但是并非任何赞美都能打动人心。因为人的年龄有长幼之别，知识水平也有高低之分。所以，赞美的内容也要因人而异。对于经营生意的人，可以称赞其头脑灵活，生财有道；对于研究学问的人，可以称赞他学富五车，知识渊博；在同辈人之间，可以把称赞的重点放在品味、学识、能力上；面对长辈，则应该称赞他们的成就、经验。

一般来说，可以引起对方好感的赞美都是基于事实，发自内心的。如果你夸一位身材不好的女士亭亭玉立，对方就会觉得你虚伪，甚至会认为你在嘲讽她。所以，真诚的赞美一定要建立在事实的基础上，不能过分夸张。

沟通的智慧

赞美是为了向对方表示尊重，创造良好的沟通交流气氛。所以，我们应该真心实意、诚恳坦荡、措辞适当。如果因为有求于人才表示赞许，会令对方感到你动机不良。所以，当你对别人没有任何目的且表示赞许的话时，才能真正显出你的诚意。当然，这种赞美不宜过多，不然，过于频繁的赞美就失去了鼓励的意义。

二、要真诚赞美,不要假意奉承

赞美是一种说话的艺术,真心地赞美他人,会令对方心情愉悦,从而使双方之间的沟通与交流更为融洽和谐。但是,我们必须清楚的是,真诚的赞美和假意的奉承是有本质区别的。当我们发自内心地称赞他人时,才能收获对方善意友好的回应,而虚情假意的奉承,得到的只能是他人的厌恶与鄙视。

美国刚开始推广电力的时候,费城电气公司的韦伯到某州去推销电力。他来到一家非常富有的农家面前,为他开门的是户主的老太太,这位太太看到电气公司的代表,立刻就把门关上了。

韦伯再次叫门,老太太勉强打开一条门缝。韦伯说:"真抱歉,打扰您了,我知道您对用电不感兴趣。所以,这次我并不是来推销电的,而是来买几个鸡蛋。"老太太消除了一些戒心,把门开大了一点,探出头怀疑地看着韦伯。

韦伯继续说:"我看到您喂的道明尼克鸡很漂亮,想买一打鸡蛋。"

老太太有些疑惑地问:"为什么不用你自己的鸡蛋?"

韦伯充满诚意地说:"我的鸡蛋是白色的,做的蛋糕不好看,我的太太想让我买一些棕色的鸡蛋。"

此时,老太太把门完全打开,态度温和地与韦伯聊起了鸡蛋的事情。聊天的过程中,韦伯指着院子里的牛棚说:"夫人,我敢打赌,您丈夫养的牛没有您养的鸡赚钱。"老太太被说得心花怒放。长期以来,她丈夫都不承认这件事情。现在，她终于在韦伯这里得到认可。所以，她很快就将韦伯视为知己，并带他去鸡舍参观。

韦伯一边参观一边称赞老太太养鸡的经验，并对她说，如果能用电灯照射，产的蛋会更多。此时，老太太已经不那么反感，反而问韦伯，用电是否合算。当然，她得到了完满的解答。

两个星期后，电力公司收到了老太太交来的用电申请。

卡耐基说："奉承是从牙缝中挤出来的，而赞美是发自心灵的。"韦伯在与老太太的沟通中，称赞显然是发自内心的，并不是为了推销故意奉承。为什么说韦伯是称赞而非奉承呢？因为赞美是在抬高对方的前提下，并不伤害自己的自尊；而奉承则往往会在不自尊、不自爱的前提下，甚至会伤害自己的自尊。韦伯和老太太的交流一直都是平等的，并没有因为要推销而故意低三下四地说些违心话。

如果你想要通过赞美在沟通中赢得主动，那么，就一定要了解如何适度地赞美，而不是过度的奉承。具体要注意以下几点：

1. 赞美不要太空太假

赞美他人的时候，一定要有根据，一定要具体。千万不要太浮夸，太空洞，那样的赞美只会让人很反感，也会觉得你别有用心。如果你是真诚的，那么被你赞美的人一定会有荣誉感，也会很开心。

2. 赞美要把握好度

赞美他人的时候，千万不要夸夸其谈，这样只会让人家觉得你对谁都这样。因此，赞美别人要有度，适可而止，你赞美得太多还可能造成自相矛盾，让人觉得不痛快。

3. 赞美要注意场合

尽量避免在公共场合赞美别人，这样的赞美赢得的好感度不高。在公共场合滔滔不绝地赞美别人，只会让人觉得你虚假。

4. 赞美要讲究方式

赞美他人的时候，千万别陈词滥调，这样的赞美不如不要。因此，我们赞美的时候要新颖，这样才会让人回味无穷。

沟通的智慧

让人感到快乐和讨对方喜欢是两件不同的事情。使人快乐考虑的是别人而不是自己，讨对方喜欢则刚刚相反。赞美他人就是要让人感到快乐，奉承他人则是让对方喜欢。我们在与人沟通中，要做到真诚，首先就要多考虑别人的需求，而不是自己的目的。

三、背后赞美的力量

批评会带来不满与怨恨，赞美则会收获满足与信赖。在与人沟通交流的时候，我们应该少一些批评，多一些赞美。而在赞美他人时，背后赞美又要比当面赞美效果更好。当我们在背后赞美他人时，被赞美者知道你的夸奖，就会觉得你是发自内心地称赞他，而不是为了达到某种目的。所以，在背后赞美一个人，往往会建立更为真挚的情感关系。

《红楼梦》中有这么一段描写：史湘云、薛宝钗劝贾宝玉做官为宦，贾宝玉大为反感，对着史湘云和袭人赞美林黛玉说："林姑娘从来没有说过这些混账话！要是她说这些混账话，我早和她生分了。"

凑巧，这时黛玉正好来到窗外，无意中听见贾宝玉说自己的好话，"不觉又惊又喜，又悲又叹"。后来，宝、黛二人互诉肺腑，感情大增。

在林黛玉看来，宝玉在湘云、宝钗和自己三人中只赞美自己，而且是在背后而不是当面称赞，所以这种称赞更难得可贵。如果宝玉当着黛玉的面说这番话，好使小性子的林黛玉可能还会认为宝玉是在讨好她或拿她打趣呢。

背后赞美他人与当面赞美他人的区别就在于，背后赞美不仅能让对方感到开心，还能体现称赞者的真心实意。而当面夸人，就多了些许的目的性。试想一下，如果有人告诉你，有人在你背后一直称赞你能干又聪明，你一定会感到无比开心，而且对称赞你的人也会心生好感。可是，如果有人当面称赞你，你同样会觉得舒服，但是，心里面的感动绝对不如背后赞美那么强烈。

有一位员工与同事们闲谈时，随意说了上司几句好话："程经理这人真不错，处事比较公正，对我的帮助很大，能够为这样的人做事，真是一种幸运。"这几句话很快就传到了程经理的耳朵里。程经理心里不由得有些欣慰和感激。没想到，还有员工这样欣赏自己，自己平时的努力没有白费。

在背后赞美他人是一种巧妙的沟通方式，通过"第三方"传达的赞誉和夸奖，看起来更为真实可靠，即使你们以前有什么过节，也会从此烟消云散。所以说，赞美的力量是很强大的，知道了这个道理，在和别人产生了矛盾时，不妨在背后赞美他的优点吧！

小林和小贾在同一家公司工作，两个人平时关系比较好。后来因为一件小事产生了误会，两个人很长时间都不说话。彼此感觉都非常尴尬，但因为自尊心作祟，谁也不愿意先开口讲和。

一天，小林看到一篇关于在背后说人好话的文章，于是灵机一动。他在与办公室其他同事闲聊的时候，趁小贾不在，就对别的同事说了几句小贾的好话："其实，小贾这人挺不错的。为人正直、热情，有好几次他都对我伸出援手。如果没有他，我现在的工作也不会这么顺心，我在内心还是很感激他的。"

这几句话很快就传到小贾的耳朵里了。听到这些话，小贾心里不由得生出一丝愧疚，于是找了个合适的机会，主动和小林握手言和了。

在现实中，我们经常看到这样的现象：当父母希望孩子用功读书时，就会整天当面教训孩子，可是，孩子的成绩还是很难提高。但是，如果孩子从别人嘴里知道父母对自己的期望和关心，父母在自己身上倾注了很多心血时，便会产生极大的动力。又如，当下属职员的，平时上司在面前说了很上进的话，但还是没有多大进步，可有一天当他从别人的口中听到了上司对自己的赞赏后，就会深受感动，从此更加努力工作，以报答上司对自己的"知遇"之恩。通过这些事情，我们可以看出在背后赞美一个人，才是与他人关系融洽的最有效方法。

沟通的智慧

对一个人赞美时，当面说和背后说是不同的，效果也会不一样。你当面赞美他人，人家以为你不过是奉承他、讨好他。而当你在背后赞美他人时，就会被人认为是发自内心的，不带个人动机的。其好处除了能给更多的人以榜样的激励作用外，还能使被说者在听到别人"传"过来的赞美时，更感到这种赞美的真实和诚意，从而在荣誉感得到满足的同时，增强上进心和对赞美者的信任感。

四、点到为止，赞美也要把握好分寸

没有一句话可以赞美所有人，同样也没有必要把你认为最好的赞美用在每个人身上。赞美他人，一定要把握好分寸，做到点到为止即可。其实，很多时候赞美的话并不是越多越好，掌握赞美的分寸，恰到好处地赞美他人，才能让你的沟通更为平坦顺利。

某家互联网企业的年终晚会上，CEO亲自向大家介绍新员工。

第一个被介绍的是林俊，CEO介绍了他的基本情况后，又特意强调了一下："这个年轻人是个人才！"接下来在介绍其他人时，CEO都会加上一句"这个年轻人是个人才啊！"

CEO兴致高昂地举着酒杯说："咱们公司原本就有很多人才，现在这些年富力强的年轻人，更是不得了啊！"这席话让现场气氛更为热烈起来。

刚刚毕业不久的林俊牢牢记住了这句话，平日里他将这句赞美的话当"秘密武器"，常常会对人说这句话。

后来，公司给林俊派了个实习生，林俊见他聪明伶俐，就称赞他说："你这么聪明，你真是个人才啊！"实习生听了很高兴。

办公室的秘书经常帮林俊传递重要资料，林俊也赞美她说："你这么勤快，你真是个人才啊！"秘书小姐微微一笑，觉得林俊真爱开玩笑。

办公室同事外出吃饭，见林俊忙没吃饭就给他带了一份饭回来，看到饭放到桌子上，林俊感动地说："你这么善良，你真是个人才啊！"同事苦笑着说："我也就是个吃饭的人才。"

又一年公司年会，林俊向CEO敬酒："感谢您一直照顾我，我一定向您多多学习，您真是个人才啊！"CEO端着酒一下愣住了，然后哭笑不得地说："小林，你还真是幽默啊！"

每个人都渴望被赞美，但是，如果不恰当的赞美不仅不会赢得好感，反而会让人感觉被冒犯。所以，赞美一定要把握好尺度。假如你有一位很会唱歌的朋友，你对他说："你的歌声就像百灵鸟的声音一样动听，你绝对是世界上唱歌最好听的人。"听了这话，你的朋友是感动多一点，还是尴尬多一点呢？其实，你大可以换个方式赞美他，比如，夸他的嗓音有磁性，或者夸他的声线细腻。这种既不夸张又细节的赞美，才能真正打动对方的心。

有的人为了赞美别人，不分对象，不论地点，经常会不假思索，随口说出一些张冠李戴的话，令被赞美之人听后心里很不舒服。比如，称赞年轻人健康，称赞个子矮的人短小精悍，称赞老年人活得久。还有的一些政客，为了赞美而赞美，见了上司就夸"您说的话真好听，我从来没有听到过这么好听的话""您真英明、伟大，没有您当我们的领导，就没有单位的今天""您是我遇到的最有能力的人，在做事和为人方面没有谁能比得上您"。如此对上司的"恭维"，让人感到肉麻，听起来也会叫人不舒服。

像这类过分粗浅的溢美之词，有时甚至会毁掉你的名声和地位。不论用传统的视角，还是用现代的眼光看，阿谀奉承都是一种不好的行为。许多人对这种行为都只会嗤之以鼻。所以，称赞他人的时候一定要点到为止，切不可演变成阿谀奉承。

沟通的智慧

好的赞美就像一门艺术，而糟糕的赞美不如不赞美。即使是好的赞美，如果过度，也会失去魅力。和会让人上瘾的甜品一样，赞美存在一定的食用分量，过量就会让人觉得腻。如果一个人每天都能得到赞美，那他很快就会失去对赞美的兴趣。而不给予赞美就会让对方心灰意冷。所以，赞美他人也要点到为止。

五、把赞美的话说到对方心坎里

赞美他人是一件好事，但绝对不是一件易事。那些见了什么都说好、见了谁都夸的人，很多时候并不能收获他人的认可。其实，最好的赞美，不需要过多华丽的辞藻，也不需要多崇敬的言语，更不需要多高大的形象，最好的赞美是能一语中的，一下子说到对方的心坎里。

在一次聚会上，一位知名的作家被人称赞："您的作品写得真是太精彩了，您真是位了不起的作家。"听了这番话，作家微微点了点头，并没有任何开心的表现。以这位作家的成就，他经常会听到这种恭维的话，所以，这样的夸奖对他来说已经是家常便饭，他早已不在意了。

此时，走过来一位女记者对作家说："先生，您的胡须真是与众不同，简直太有品位，太有魅力了。"作家听了这话，立刻开心不已，于是他愉快地接受了记者的访问。

一个人成功了，人人都看得到，人人也都会去称赞他。可这种称赞一旦成为人人都能想到的，那你的称赞智慧被淹没其中，不会留下一点儿痕迹。相反，如果你能换个与众不同的角度去称赞他，才能不让你的称赞被"淹没"。

有一家传媒公司，同事之间关系十分融洽，每逢同事过生日，所有员工都会到公司的附近的KTV去开生日party。有一天，正好有员工过生日，而公司里恰好刚来了一位年轻的新员工。经理决定订下最大的包间，陪员工一起过个热闹的生日聚会。

当一首《在那桃花盛开的地方》从经理的嘴里唱出来的时候，大家发现他竟然比原唱唱得还要动听，于是，所有员工都站起来为经理鼓掌。这时，这位新员工想要赞美一下经理的唱功，便说："您唱得太棒了，我看至少有县剧团歌唱家的水平……"还没等这位员工说完，老员工就把他按到了座位上，并轻声对他说："你啊你，拍马屁都不会拍，经理以前是中央音乐学院的声乐教授。"

赞美专业的声乐教授唱歌唱得好，就像赞美钻石的璀璨，看起来没有问题，但却没有一点实际意义。说话要说到对方心里去，赞美他人一定要赞美到对方的心坎上。你要准确把握对方的特点，并且真诚地赞美这些特点。如果毫无目的、毫无征兆地给对方堆砌溢美之词，并不能真正打动他的心。

要把赞美说到对方的心坎里去，最忌讳的就是不懂装懂。比如，在书画展上，我们经常看到一些似懂非懂的人，不懂装懂地赞叹："这幅画画得真好啊！"如果你问他好在哪里，他又支支吾吾说不出个所以然来。当我们赞美他人时，不懂他的专业，就要巧妙地避开专业内容。如今，各个专业领域都有属于自己的特点，如果知识面窄，空怀一颗想要赞美夸奖的心，没有实际的内容，最后尴尬的只能是自己。

沟通的智慧

赞美并不一定总需要那些固定的言语，见人就说"好"，这并没有什么意义。其实，我们大可以用一个赞许的眼神，一个夸奖的手势，或是一个善意的微笑，来表达我们的欣赏与赞同，真正做到"美酒饮到微醉后，好花看到半开时"。

六、想要脱颖而出，赞美就要别具一格

心理学家威廉·杰姆斯说过："人性最深层的需求就是渴望别人欣赏。"在人际沟通中，学会欣赏他人，懂得赞美他人，会让沟通气氛变得更愉悦顺畅。不过，陈词滥调的赞美或者敷衍浅薄的称赞已经很难再赢得人心。所以，想要在沟通中脱颖而出，就要用新颖独特、别具一格的赞美。

秦女士是一家大型企业的负责人，这家企业向来以经营有道、管理高效而著称。由于企业的效益越来越好，业内外都开始关注秦女士这位"铁娘子"。

有一次，一位记者采访时说："秦董事长，大家都认为您经营企业很有决断力，是个十足女强人。我倒是觉得您身上具有传统女性的包容大度与谨慎细致。"

听了这番话，秦女士脸上露出了笑容："许多人只看到我管理企业的铁手腕，却没有真正了解过我的内心。"

记者之所以能博得秦女士的好感，是因为平时大家只关注她的企业和管理企业的方式，她却关注到了秦女士独有的女性企业家魅力。所以，当她另辟蹊径地称赞秦女士时，才会赢得好感。

赞美一个人，与其称赞他最大的优点，不如发现他最不起眼，甚至连他自己都没注意到的优点。因为明显的优点，谁都会称赞，且对被赞美的人来说早已司空见惯，不足为奇。而只有当你善于发现美时，你才能找到他人找

不到的亮点，然后在一片赞美声中脱颖而出，赢得对方的注意与好感。

富兰克林年轻的时候，他参加了宾夕法尼亚州议会的选举。在选举之前，一个很大的困境摆在了他面前：一个新议员发表了一篇很长的反对富兰克林的文章。在文中，他把富兰克林贬得一文不值。遇到这样一个出其不意的对手，真的是让人万分恼火。可富兰克林还能怎么办呢？

在富兰克林回忆起这件事时，说道："对于这位新议员的反对，我当然很不高兴。可他是一位有学问又很幸运的绅士，他的声誉和能力在议会里颇有影响力。但我绝对不能对他表现得卑躬屈膝，以此来博得同情与好感。所以，我只在数日之后，采用了一个更恰当的方法。我听说他的藏书室有几部很名贵又很少见的书。于是，我就写了一封短信给他，说明我想看看这些书，希望他慷慨地借我数天，没想到他立刻答应了。"

面对他人的责难，富兰克林没有据理力争地回击，而是用一种更为巧妙的方式化解了这次危机。而这种方式的巧妙之处就在于，富兰克林不露痕迹地称赞了新议员的藏书多、见识广，用一种请教的姿态表现了自己的欣赏与赞美。而这种润物细无声的方式，为富兰克林赢得了对手的好感，同时也塑造了他宽容大度的形象。

在想要沟通时，打动对方的心，就要独具慧眼地赞美他人的与众不同。比如，面对一幅油画作品时，当别人都异口同声地称赞："这画真是栩栩如生啊！"而你就不能那样说了。如果你能发现不一样或更深层次的内容，就更好了。比如："这画运笔沉稳，作画的作家应该是一位正值不阿，对人生和生活充满思考的人。"这样一来，不仅让人感觉耳目一新，同时也更能体现出你的鉴赏水平。

沟通的智慧

　　肤浅的赞美只会让人觉得乏味与空洞。受到称赞的人也丝毫不会感到荣耀，可能还会因为你的言语浅薄而感到不安与困扰。相反，别具一格的赞美会让人觉得你看到了他自己的另一面，且会对你产生认同感，从而产生与你积极沟通和交流的愿望。

中篇 沟通，那些你必须知道的技巧

第九章
赢得他人赞同的秘诀——多一个支持者，就多一份希望

一、真诚地倾听是对他人最大的尊重

在与人沟通交流的时候，很多人都会关注自己说了什么，但听到什么同样重要。可以说，倾听是人际沟通的开始，真诚、认真地倾听别人讲话，不仅是对他人的尊重，也是维持人际关系的关键所在。

著名思想家歌德曾经说过："对别人诉说自己，这是一种天性；认真对待别人的倾诉，这是一种教养。"学会倾听，才能在沟通中获得他人的信任。学会倾听，你将收获更多真实的信息，也将拥有更多交心的朋友，同时赢得更多有分量的尊重。

林阳是保险公司的业务员，因为他善于交际，所以业绩一直很好。公司其他业务员在羡慕林阳业绩的同时，也都好奇为什么他可以一直保持良好的业绩。

有个新来的同事向他取经："前辈，为什么你的业绩这么好？给我这个新人传授一下经验吧。"于是，林阳毫无保留地传授了自己的经验。事实上，他的经验是从一个故事开始的。

有一天，林阳接到一个客户的电话，说要买一份人寿保险，林阳很开心，因为这是他第一个业务，他无比珍惜这个机会。所以，与客户见面的时候，他一直滔滔不绝地讲自己的公司如何可靠，公司的保险如何好，这期间客户一句嘴都插不上。

林阳讲了一段时间之后，发现客户的脸色越来越难看，林阳知道不对劲，于是脑筋一转说："现在很多人都没有买保险的意识，您是怎么想到要给自己买一份保险的呢？"

客户听了这话，立刻来了兴趣，开始讲述自己的家庭、工作、生活等。就这样，一个小时过去了，客户把想要表达的全都说了出来，而林阳这个认真的听众，也赢得了客户的好感，最后谈成了保单，合同也顺利地签了。

林阳说这是他第一个成就的保单，也是他上的最宝贵的一课，那就是与人沟通的时候，要学会倾听他人的故事，对他人的谈话真诚地表示理解与肯定。

据专业机构研究显示，成年人一天时间里，有7%用于交流思想。在这7%的时间里，30%用于讲，45%的时间用于听。由此可见，倾听已经成为交流沟通中最为重要的一部分。

生活中，总会有这样或那样的声音向我们诉说，当我们抱着真诚的态度去倾听时，不仅可以为他人分忧，同时也能为自己赢得信任。

漂亮的女孩总是不会缺少追求者，温柔和善的空中小姐更是如此。

彤彤是个空姐，她的身边一直有很多追求者。一天，彤彤向同事们宣布她要结婚了。

大家都很好奇是谁赢得了彤彤的芳心。

朋友甲问："是不是那个天天送你玫瑰花的飞行员？"彤彤摇摇头。

朋友乙问："是不是那个经常给你买礼物的律师？"彤彤又摇摇头。

朋友丙问："是不是那个常打电话问候你的王总？"彤彤还是摇摇头。

大家都猜不到这个神秘人是谁，最终彤彤公布答案："是空警陈铭。"

陈铭是个身材样貌一般，经济条件更一般的男生，很多人好奇为什么他能俘获彤彤的芳心。

彤彤略带羞涩地说："因为他特别愿意听我说话，每次我跟他讲话，即使只是很小的事情，他都会特别认真听。所以，我觉得他这个人很有教养，也很尊重我。"

在人们心灵的深处，没有比渴望理解更强烈的需要。而倾听，是打开彼此相互理解最直接的途径。所以，我们才看到善于倾听的普通小伙，最终抱得美人归。

倾听是良好沟通的开始，无论是面对亲人、同事或者朋友。当你表示愿意倾听，就代表你肯分担他的感受，愿意为他排忧解难，同时你也能获得对方信任；当上司能够耐心听取下属的倾诉时，就会赢得下属的信任；当父母能够与子女平等交流，就能排除孩子们心中的逆反；当你能够耐心倾听朋友心中的苦闷，你在朋友心中就是善解人意。

其实，很多的时候，人们只是需要一个倾诉对象。

沟通的智慧

在沟通中，我们是倾听的一方，同时也是被聆听的一方，所以说沟通是一个双向交流的过程。与人沟通，我们不能只关心自己在意的内容，同时也要学会关心、倾听他人表达的内容，否则对方也会用同样的态度对待我们。

二、指责的话，不要轻易说出口

当我们的缺点暴露或者我们犯了某些错误的时候，最害怕就是被指责。其实，很多时候，批评与指责是毫无用处的，它们并不能让缺点与错误消失，同时还会激起他人的防御与抵抗心理。所以说，指责不仅不能解决问题，还会为解决问题制造更多的麻烦。

1842年，林肯在《斯普林菲尔德报》发表文章，讥讽一位自高自大的爱尔兰人詹姆斯·谢尔顿。所有人看过报纸之后都捧腹大笑。敏感又自负的詹姆斯·谢尔顿得知此事后，万分愤怒。他拿着长剑要与林肯决斗。

詹姆斯·谢尔顿是个体格健硕的大个人，而林肯的身材则弱不禁风，所以林肯的处境十分危险。就在紧要关头，二人共同的好朋友及时出现制止了这场决斗，避免了一场可怕的流血事件。

经过这件事情，深受震撼的林肯，再也没有写过一份指责、侮辱他人的文章。而且，从此之后，林肯再也不以取笑和指责他人为乐了。

在与人沟通的过程中，轻易地指责他人，只会让对方成为你的敌人。所以，即使对方的错误或者行为让人感到不悦，你也不能轻易指责他人，而是应该用委婉的方式与态度与其沟通，最终把事情解决。

纽约泰洛木厂的推销员克劳雷常常会指出木材检查员的错误，并且常在争辩中获胜。可是，他却没有从中得到一点儿好处。而且，就是由于好争辩，使克劳雷的两家木厂损失了上万美元。后来他决定改变自己的想法，不再争辩了。结果如何呢？

有一天早晨，克劳雷办公室的电话铃响了，那是一个愤怒的客户打来的，他说克劳雷送去工厂的木材，根本不适用。据木料检查员说，这批木料中55%是在标准等级以下的。虽然已经卸了一部分货，但是他们还是决定拒绝收货，并要求克劳雷立即把那些货从他们工厂运走。

克劳雷知道这一情况后，立即去了客户的工厂。在路上，他就在心里盘算，怎样才能处理好这件事。在平常，克劳雷遇到这种情形时，就会引证出木料分等级的各项规则，同时以他自己做检查员的经验和常识，来获取那位检查员的相信。克劳雷有充分的自信，木料确实是合乎标准，一定是在检查中出现了什么错误。可是，最后克劳雷还是决定不指出检查员的错误。

克劳雷到了那家工厂，看到采购员和检查员的神色都很不友善，似乎已准备了要跟他谈判交涉。于是，克劳雷到了卸木料的地方，要求他们继续卸货，以便让他看看错误出在什么地方。克劳雷请那位检查员把合格的货放在一边，把不合格地放在另一边。

克劳雷看了一会儿后，发现他们的检查似乎过于严格，而且弄错了规则。这次的木料是白松，克劳雷知道这位检查员只学过有关硬木的学识，而对于眼前的白松，并不是很内行。而克劳雷自己则对白松知道得最清楚，可是，他是不是对那检查员有不友好的意思？不，绝对没有。他只注意检查员如何检查，试探地问他不合格的原因在什么地方。克劳雷没有任何暗示，也没有指出是他错了。他只做了这样的表示：为了以后送木材时不再发生错误，所以才接连地发问。

克劳雷以友好合作的态度，跟那位检查员交谈，同时还称赞他谨慎、能干，说他找出不合格的木材来是对的。这样一来，他们之间的紧张气氛渐渐地消失，接着也就融洽起来了。克劳雷极自然地插进一句，那些不合格的木材应该是合格的。可是克劳雷说得很含蓄、小心，让他们知道他不是故意这样说的。

渐渐地，检查员的态度改变了！他最后向克劳雷承认，他对白松那类木材并没有很多的经验，他开始向克劳雷请教一些问题。克劳雷便向他解释，什么样的木材才是一块合乎标准的木材。同时克劳雷还表示，如果不合他们的需要，可以拒绝收货。最终，对方发现错误在自己身上。

在克劳雷离开之后，这位检查员又将全车的木材检查了一遍，并全部接受下来。

试想一下，如果克劳雷一上来就指责对方犯了错，那么事情的结果还会是这样吗？当错误就摆在眼前时，如果把它指出来，并不能帮助解决问题。那么，我们不妨换一种更为委婉的方式把问题解决掉。

没有人是完美无缺的，所以请不要用完美的标准去衡量他人。当你忍不住要指责他人时，先想一下自己在这种情况下会怎么做。指责他人的话一出口，就意味着伤害，如果你经常站出来指责他人，那么你不妨试着多看他人的优点。孔子认为，严己宽人是对自己要求严格，对别人宽容大度，这样的人才可以远离怨恨。

沟通的智慧

与人相处时，难免会有矛盾、纠纷，出现不愉快的情况。既然不好的事情已经发生，再对他人横加指责也没有任何意义。因此，当错误发生之后，我们第一时间想到的应该是解决问题，而不是抓住他人的错误不放。只有心胸狭窄的人，才会以敌视的眼光看待周围的一切，而这样的人最终会陷入孤独与痛苦之中。

三、善解人意，谈论对方感兴趣的话题

在沟通的过程中，如果谈论对方感兴趣的话题，那么，他自然会投入更多热情。相反，如果对方对话题没有丝毫兴趣，即使你讲话再精彩，对方也可能会昏昏欲睡。所以说，在与人交谈的时候，要做一个善解人意的谈话者，要充分把握对方的兴趣点，说一些可以引起对方兴趣的话题，这样才会在短时间内拉近彼此的距离，化解心理上的隔阂，让沟通更顺利地展开。

杜弗诺先生一直想把自己的面包推销给纽约的一家大饭店。在4年的时间里，杜弗诺几乎每个星期都要去这家饭店拜访，并且他还经常参加饭店经理举办的各种社交活动。为了促成这笔生意，杜弗诺甚至在这家饭店租了一个房间，长期住在那里。可是，无论杜弗诺用任何办法，都没能让这位经理购买他的面包。

后来，杜弗诺开始研究人际关系的知识。于是，他决定改变策略，寻找经理的兴趣所在，寻找他最关心、最热衷的事情。

经过一番努力，杜弗诺发现这位经理是美国饭店业协会的会员。而且，他对这项事业有着浓厚的兴趣和热情。每次只要开会或举行什么活动，不管多忙，这位经理都会毫不犹豫地赶过去参加。

当杜弗诺再次拜访这位经理时，他开始谈论有关饭店业协会的事情。结果可想而知，这位经理花了半个小时和杜弗诺讨论饭店协会的事情，而且，

整个谈话过程，他都精神饱满、充满热情。在杜弗诺离开之前，这位经理还劝说他加入这个协会。

据杜弗诺回忆，在那次会谈上，他没有提到有关面包的任何内容。可是没过几天，他就接到了饭店主管人员的电话，让他把面包的货样和报价单送过去。饭店主管在电话中说："我真不知道你对他用了什么魔法，他可真的被你打动了。"

你能想象吗？杜弗诺和这位经理打了4年的交道，只为把面包卖给他，可是却从未成功。如果杜弗诺还没有找到他感兴趣的事情，知道他喜欢讨论的话题，恐怕他也许一辈子也无法把面包卖给他。

如果你认为沟通就是滔滔不绝的讲话，那就大错特错了，沟通的意义在于疏通、拉近彼此的距离。在与人沟通的时候，我们一定要时刻关注对方的情绪，照顾对方的感受，想办法与对方尽快建立有效的联系。谈对方感兴趣的话题，是与对方建立联系最快捷也高效的方法之一。

代强是一家广告公司的业务员，一天，他去拜访一位客户张经理。见面之后，代强先是说起自己的公司服务过哪些大客户，自己的公司在哪些领域有如何丰富的资源……张经理在听代强讲解的时候，打了好几次哈欠。

就在这时，代强发现张经理背后的书橱里放着许多关于《论语》方面的书，并且办公桌的案头也有一本《论语》。于是，代强眼前一亮，找到了突破口。代强说："张经理是不是对古典文化非常感兴趣，尤其是《论语》，您应该有自己的见解吧？"

本来昏昏欲睡的张经理听到代强谈到《论语》，一下子就有了精神，连忙说："我对《论语》特别感兴趣，对于丹讲的《论语》有的地方是赞同的，有的地方也是有保留意见的。"

代强顺势说："其实，我也看过于丹讲的《论语》，但是我研究不多，听不出她讲的还有不对的地方！如果有时间还希望张经理您能指点一二。"

张经理马上被吸引了过来，一下子有了兴致，和代强讨论起来。而且，在讨论的过程中，两个人简直就是相见恨晚，同时业务也顺利地谈成了。最后，代强还和张经理成了朋友。

与人沟通交流的时候，"投其所好"地谈论对方感兴趣的话题，很容易与对方产生共鸣，建立情感联系。有道是"话逢知己千句少"，想要打开与对方沟通的大门，就要谈论对方感兴趣的话题。

沟通的智慧

与人沟通交流的时候，如果对方对你谈论的话题参与不多或言语过少的时候，说明他很可能对这个话题并不关心。此时，你要尽量调动对方谈话的情绪，这样才能让谈话的气氛融洽起来。而要提高对方的参与度，就需要我们掌握对方的信息，了解对方感兴趣的话题，把谈话引到对方感兴趣的话题上。

四、巧妙委婉地指出对方错误

当你发现他人的错误时，你可以直截了当地告诉对方，同时，你也可以巧妙委婉地提醒对方。如果你选择后者，那么，恭喜你在与人沟通交流的路上又多了一个支持者。当然，你可以选择前者，只不过当我们直接批评指出对方错误时，会引起强烈的反感，从而引发不必要的麻烦。

有一位女士请了一位室内设计师为自己的房子布置全新的窗帘。施工完毕，这位女士收到账单后却大吃一惊，原来设计费比她预期高出一大截来。

几天之后，这位女士邀请朋友来家里做客，朋友看到新窗帘就向她问起情况。在知道新窗帘花了大价钱之后，朋友大呼："怎么可能这么贵？你一定是上当受骗了。你怎么这么笨啊！"

这位女士原本就对此事耿耿于怀，现在朋友又当面指出她的问题，这让她脸上有些挂不住，于是她极力辩解："一分钱一分货，贵有贵的理由，谁也不可能用便宜的价钱买到高质量又有品味的东西……"

结果，两个人为了这件事争论了一个下午，最后好好的聚会只得不欢而散。

直接指出对方的错误，给人的感觉就是在批评对方。没有人喜欢被人批评，即使他知道自己犯了错，也不喜欢被他人指出来。所以，对那些不愿接受批评的人，如果能间接地让他们面对错误，就会收到非常神奇的效果。

马吉·嘉可布太太请了几个工人为他盖房子。开始几天，工人们总是把院子弄得乱七八糟，到处都是木屑。后来，在工人们结束当天工作离开后，嘉布可太太和孩子们一起把院子里的木屑打扫得干干净净。第二天，工人们来的时候，嘉布可太太非常开心地对工人们说："你们昨天把院子打扫干净了，真的非常感谢。老实说，你们打扫完简直比我们以前的院子还要干净。"

听了嘉布可太太的话之后，这些工人也很开心，以后他们工作完都会把木屑清理好。

犯错对任何人来说都是一件让人懊恼的事情，当他意识到错误之后，原本就已经在负面的情绪中，此时，如果你不顾及他的面子，直接指出对方的错误，只会火上浇油，严重的还会引火烧身。所以说，纠正他人错误的最好方法就是巧妙委婉地指出他的错误。

1887年3月8日，美国最富口才的牧师、演说家亨利·华德·毕切尔去世了。在下一个星期日，莱曼·阿伯特应邀向那些因毕切尔去世而伤心不已的牧师演讲。他急于取得成功，把演讲词改了又改，就像福楼拜一样小心地进行润饰。然后，他将演讲词读给妻子听。莱曼·阿伯特的演讲词写得并不好，就像大多数演讲词一样。如果他妻子没有任何见识，就会对他说："莱曼，太糟了，简直不能用。所有听众都是睡着的，那听起来完全就是一本百科全书。你传道这么久，应该知道如何写得更好啊！天哪！你为什么就不能像普通人那样自然一点儿呢。如果你念了这篇东西，情况一定会更加糟糕的。"

如果他妻子讲了这些话，我们都清楚结果会如何。莱曼·阿伯特的妻子当然也知道。所以，她选择了这样回答：如果把演讲词寄给《北美评论》，一定是一篇极好的文章。换言之，她称赞了这篇演讲词，同时又巧妙地暗示不能用这篇演讲词。莱曼·阿伯特听出了这点，毫不犹豫地将自己精心准备的演讲稿撕碎，最后他没用演讲稿就自然地演讲了。

在与人沟通的时候，如果你必须指出他人的错误，却又不想伤害对方的感情，委婉地表达绝对是最好的方法。就像莱曼·阿伯特的妻子那样，巧妙暗示即可，完全不用直接把话说出来。

沟通的智慧

当自己相信的事情被怀疑或者被否定的时候，每个人都会产生一种焦虑感，会觉得自尊心受到了伤害，甚至会失去安全感。所以，当我们直接指出他人的错误时，会让他本能地拒绝承认错误，即使他知道自己犯了错。因此，当我们与人沟通的时候，要巧妙地让对方明白自己的错误，而不是直接指出他的错误。

五、言多必失，适时选择沉默

与人沟通交流，不是说得越多，影响力就越大。有时候，适时地选择沉默，反而具有不可思议的影响力。我们不得不承认，那些精心选择的词句和沉默具有同样的表现力，就像音乐中的音符和休止符一样重要。所以，我们在研究"怎么开口"之前，应该先了解"怎么沉默"。

吴磊打算结婚了，并准备买一套房子。他看中的那套房子，在同事小张的小区里，所以他对这套房子比较了解，也比较满意。吴磊的女朋友曾经去开发商那里商讨过房子的价格，可是他觉得价格还可以再降一点。于是，他决定亲自出马。

看房那天，吴磊刚拔完牙，嘴里塞了棉花，讲话不太方便。可是，他却在不到半个小时的时间里，以400万的价格买下了这套房子。这价格比同事小张的还便宜10万，比女朋友询问的价格至少低了20万。你一定很好奇吴磊究竟做了什么？

吴磊在售楼小姐的陪同下看房，售楼小姐问他是不是第一次来这个社区。吴磊没有说话，只是伸出两根手指。当售楼小姐追问的时候，吴磊也没有搭腔，他只是微微一笑。

进入电梯之后，售楼小姐告诉吴磊，现在只剩下三个保留户，50平方米、70平方米和90平方米，吴磊还是没有说话，用一根手指代替了回答。

售楼小姐带着吴磊，一间一间房子参观。到最后，售楼小姐说剩下的是样品房，也是全区视野最好的一户，本来不想卖的。可是建筑业不景气，只好割爱出售。看吴磊依然保持沉默，售楼小姐又忙着告诉他，是减价出售。吴磊依然沉默，售楼小姐再次开口，询问他是否知道以前的价格，吴磊点点头。

这套房子的格局和同事小张的一模一样，所以到了屋里，不用售楼小姐带领，吴磊依然知道阳台在哪儿，厨房在哪儿，洗手间在哪儿。他还特意到阳台看了一眼，绕着那大大圆圆的冷气主机转了一圈，摇摇头，又指指自己的耳朵。吴磊想告诉售楼小姐，他对这个房子了如指掌，非常清楚哪里有问题。

参观完毕，吴磊被带到销售中心。他端坐在那里，随便翻看了一下社区的宣传单，然后指指自己的手表。售楼小姐赶紧告诉经理，这个人对社区非常了解。吴磊又点了点头，指了指价目表，摆了摆手，掏出笔写了几个字："给我一个价钱。"

结果，售楼小姐和经理一商量，开出了最低价400万。吴磊从头到尾没有说一个字，却比那些自以为聪明，假装内行的人获得了更优厚的条件。

吴磊的沉默让他显得"深藏不露"，与此同时，他又用行动让对方知道他对社区、对房子了若指掌。相比之下，售楼小姐对吴磊却一无所知。也就是说，吴磊在"暗处"，而售楼处在"明处"，售楼小姐因为担心价格过高而吓跑顾客，也就给出了最低价。

在与他人沟通的时候，人们常常觉得只有清楚、明确地表达自己才能达到自己的目的。可事实上，有些时候适时的沉默也能让我们收获自己想要的。

据心理学专家分析，沉默可以调节说话和听话的节奏。沉默在谈话中的作用就相当于零在数学中的作用。尽管是零，但却是所有问题的关键。可以说，没有沉默，一切交流就无法正常进行。

沟通的智慧

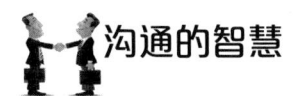

与人沟通中的沉默,并不代表不发出声音。在商业或者私人沟通交流的过程中,适时沉默是一项极为有效的沟通技巧。保持适当的沉默,让自己身在暗处,给人难以琢磨的印象,反而更能占据主动。

第九章 赢得他人赞同的秘诀——多一个支持者,就多一份希望

六、建议比命令更容易被接受

试想一下，当别人命令你去做某些事情的时候，你愿意按照他人的指令行事吗？答案显而易见，没有人愿意接受命令，更没有人喜欢遵照命令行事。所以，在与人沟通的时候，如果想要他人接受你的想法，或者按照你的要求去处理事情的时候，最好是向对方提出建议而不是发出命令。

沃德将军曾担任过训练新兵的教官。有一天，他驾驶着吉普车到新兵营去巡查，正巧有一名士兵正领着女朋友在散步。这名士兵看到了沃德将军，可是等其车子经过的时候，却弯下腰去系了系鞋带。沃德将军看见后，把那位不懂军规的士兵叫了过来。

沃德将军说："小伙子，难道你没有看到我吗？"

士兵知道自己犯了错，只好承认："看到了，将军。"

沃德将军继续问道："那么，你为什么不向我敬礼，而要假装系鞋带呢？"

士兵十分为难，没有办法回答。于是，他看了看女朋友，苦着脸说："将军，如果您带着女朋友散步，碰到这种情况你会怎么做？"

沃德将军听了这话，笑着说："我会跟她说：'我要先给这个老家伙敬个礼，你看怎么样？'"

士兵微笑着向沃德将军敬了一个礼，而沃德将军也笑着回敬了一个礼，然后开着车离开了。

如果沃德将军看到士兵违反军规，直接命令他向自己敬礼。那么，他当然会得到一个敬礼，可是，士兵就会在女朋友面前丢了面子，并且对沃德将军怀恨在心。向长官敬礼为的是表示敬意，但是因为命令而得来的敬礼，不但没有敬意反而带着某种愤怒和不敬，显然这不是沃德将军的本意。所以，他用巧妙幽默的建议代替了严肃刻板的命令，既教育了士兵同时也赢得了应该的尊重。

有些人习惯对别人发出命令，尤其是在工作中，领导向下属发出命令似乎是理所当然的。但事实上，为了更好地完成工作，用更委婉的语气，向同事或者下属提出要求与建议，反而比强硬的命令来得更为有效。

在南方有一家小加工厂，老板马先生有个机会可以接到一份很大的订单，可是他知道自己没有办法按期交货。而且工厂的工作早已安排好，同时这份订单所要求的完成时间又太短，所以，马老板似乎不太可能承接这份订单。

后来，马老板把工厂的工人召集起来，对他们解释了这一情况，他告诉大家如果可以按时完成这笔订单，对工厂和工人们来说都具有很大意义。"我们有什么办法来完成这份订单吗？""有没有人能想到别的办法来处理它，让我们能接下这份订单？""有没有其他方法来调整我们的工作时间和工作分配呢？"马老板提了很多问题，员工也提供了许多意见。结果，马老板在员工的支持下，顺利完成了这个不可能完成的任务。

在沟通交流中，双方在相互尊重的基础上委婉地提建议比直接的命令更有效，只有打开彼此交流的大门，才可能形成良好的合作关系，实现双赢的局面。

当你想要告诉对方"你需要在今天下班前把文件交给我"时，你可以试着这样表达"如果可以的话，请在下班前把文件准备好"。又或者当你想说"我不喜欢你这样去做"时，可以尝试这样说："我觉得这样做可能会更好。"

我们最好不要去要求对方，不要去命令对方，因为要求与命令，往往会带来反抗。我们应该要学会建议。因为巧妙地用建议替代命令，才能让事情向更好的方向发展。

沟通的智慧

如果你想要树立更多的敌人，那么你可以处处压制别人，随时随地地命令别人。但是，如果你想要拥有更多的朋友，你就必须学会委婉、友善地提出建议。当我们用请求或者建议的方式跟他人说话的时候，对方才会愿意接受我们，才会与我们有进一步的合作。

下篇
沟通，那些你必须掌握的关键

第十章
如何对别人说"NO"——有理有据，不卑不亢

一、灵活掌握向对方说"不"的学问

在与人沟通时，当我们被要求去做一些自己能力之外或者意愿之外的事情时，我们就要学会说"不"。可是，在我们对他人表示拒绝时，很可能会伤害对方的感情与自尊。所以，在不得不向对方表示拒绝时，一定要掌握说"不"的学问，灵活巧妙地把"不"说出口，从而能让对方心甘情愿地接受。

相信很多人都有过这样的经历：心里明明想着"不行，不可以，不能答应……"可是嘴上却一直含糊不清地说着"这样啊……可以吧……应该没问题……"说"不"之所以如此困难，完全是因为拒绝背后可能带来的伤害，当你向朋友表示拒绝时，你们的友情也许会出现裂缝；当你向同事表示拒绝时，你的工作可能会出现阻碍；当你向客户表示拒绝时，你的业绩可能会受到影响。所以，如果你不想因说"不"而失去更多，就一定要掌握说"不"的学问。

1. 说"不"学问一：先扬后抑

先扬后抑法是一种避免正面表述，采用间接出击的技巧。对于他人的一些想法和要求，先用肯定的口气表示赞赏，再来表达你的拒绝，这样不会直接伤害对方的感情和积极性，而且使对方容易接受，并为自己留下一条退路。

有些事情如果碍于情面，你也可以当场答应下来，没有必要当场表明你的态度，以免使双方比较难堪。你可以说"这件事很好，但由于某些原因，我还得仔细考虑考虑"，从而为自己认真思考或寻求对方可以接受的借口，对方也会认为你在严肃认真地对待他的意见，对你稍后做出的选择或行为表示谅解。

2. 说"不"学问二：顺水推舟

对于某些问题，可以巧妙地把对方设置在同样的情景里，引诱对方做出判断，从而让对方明白自己的处境或意思，以巧妙的方式拒绝对方的要求。

王欢从朋友那里借了一台游戏机，同宿舍的小胡看到了非要借来玩。尽管王欢百般说明情况，小胡依然不肯放过。后来，王欢灵机一动，说："好吧，我可以借给你，不过我要你不要借给别人，你做得到吗？"小胡一听，正中下怀。忙说："当然，当然，我一定做到。""绝不失信。"王欢追加一句。

"绝不失信，失信还能叫作人？""小胡斩钉截铁。

"我也不能失信，因为我也答应过游戏机的主人绝不外借。"听到这话，小胡只好作罢。

3. 说"不"学问三：沉默暗示

当别人问："你喜欢某某吗？"你心里并不喜欢，这时，你可以不表态，或者一笑置之，别人即会明白。一位不大熟悉的朋友邀请你参加聚会，送来请帖，你可以不予回复。这种行为本身说明你不愿参加这样的活动。

此外，当有人通过陈述困难等方法暗示你需要帮助时，你也可以采用同样的方法来表示你的拒绝。

4. 说"不"学问四：模糊回答

在现实生活中，出于某种原因或目的，有些人要求我们对一些事情或人物做出评价或发表看法，以探明我们的态度。而事实上，我们又不宜把评价或看法具体化。这时，如果我们不能机智地应付，巧妙地作答，就可能陷入被动局面，以致无所适从。

比如说，有些人喜欢背后谈论他人。碰上这种人，我们应该谨慎地对待，尽量少发言，少评论，让自己的发言少带倾向性。此外，采用模糊应答的方法，也可以避免卷入一些不必要的麻烦之中。

5. 说"不"学问五：提供选择

当他人要求你做某件事，而你又偏巧不喜欢做这件事时，直接拒绝可能会伤害到对方，让对方误以为你不尊重他。比如周末的时候，你的朋友想让你陪她去逛街，可是你不愿意去人多的地方，不如建议她："今天天气不错，不如去郊外走走吧，呼吸一下新鲜的空气。"

如此一来，你不仅巧妙地拒绝了对方，还不会让对方觉得你是在拒绝他。

沟通的智慧

在生活中，很多人不懂得如何拒绝别人，认为拒绝是一件很难办的事情。当别人向我们求助时，因为怕伤害对方感情，而不好意思拒绝，最后因为能力或者客观原因事情没办好，同样会带来伤害。所以，在需要拒绝的时候，请拿出委婉的态度向他人说"不"。

二、婉拒，给对方应有的体面

如果你想做个有求必应的"好好先生"或者"好好小姐"，那么，你的生活很可能会因此而变得阴雨连绵。所以，别为了一张"好人卡"就对任何人、任何事都说"好"。当你学会对不合理或者不合心意的请示表示拒绝的时候，你才能拥有属于自己的生活。

就像喜剧大师卓别林说的："学会说'不'吧，你的生活将会美好得多！"

拒绝是一件相当重要却又极其不易的事情，尤其是当对方出于"好意"地提出某些要求时，表示拒绝反而会显得自己"不识抬举"。当这种局面出现时，千万不要因为不好意思而委曲求全地接受。其实，无论对方如何盛情难却，你都可以大方得体地拿出婉拒的态度，有礼有节地表示你的拒绝。

有一天，庄子正在河边钓鱼，突然来了两位楚王的使臣，他们恭恭敬敬地对庄子说："先生，我们大王想请您到朝廷做官，您意下如何？"

庄子并不想当官，可是，直截了当地拒绝又有失礼貌，于是他做了一个这样的回答："我听说从前楚国有过一神龟，已死去三千多年了。大王对它十分的敬仰，用精美的竹器盛着，上面还盖着极华贵的丝巾，将其高高地供在庙堂之上。"

庄子接着说："不过有一点我不清楚，你们替我说说看：在那只龟看来，究竟是死后被人把骨头当作宝贝高高地供起好呢，还是像生前那样快活地生活在水里摇头摆尾好呢？"

两位使者听了庄子的话，立刻回答："当然是快活地在水里摇头摆尾好啊！"

庄子听了，也就立即答道："那么二位请回，且容我继续在水里摇头摆尾吧！"

楚王派出两位使臣来请庄子，表示了他的诚意与尊重。庄子没有直接表示拒绝，而是用巧妙的方式表示了自己婉拒的态度，如此一来，不仅给自己留了一条退路，也给了楚王面子。试想一下，如果庄子直接表示拒绝，那么，楚王作为国君的面子何在呢？其实，面对他人的要求，既给自己留有余地，又给他人面子的婉拒，才是最理想的解决方法。

如果说拒绝他人是一门学问，那么，婉拒在这门学问中是最需要潜心研究的。接下来，就为大家介绍一些婉拒需要掌握的技巧。

1. 要顾及对方尊严

表示婉拒时，不仅要考虑对方的反应，还要注意准确恰当的措辞。比如，当你拒聘某人时，如果只罗列他的缺点，会伤害他的自尊心。如果你称赞他的优点，再指出他的缺点，说明不得不这样处理，对方就更能接受你的拒绝。人是感情动物，时常有一种充满偏见的自尊心行为。因此，与人交际时，务必确保他人的自尊心不受伤害。

2. 拿出真诚的态度

不要以一种高高在上的态度拒绝对方的要求，不要对他人的请求流露出不快的神色，更不要蔑视或忽略对方，这些失误都是没有修养的具体表现，会让对方对你的拒绝产生逆反心理。因此，从听对方陈述要求和理由，到拒绝对方并陈述理由，都要始终保持一种和蔼的态度和面貌，表示出对对方的好感和真诚之心。

3.给对方留下台阶

当你想要拒绝那些看起来自以为是,喜欢坚持己见,认为自己无比高明的人时,一定要给对方留有面子。你可以把对方的话从始至终地听一遍,当你仔细听完对方的话后,再决定如何去拒绝和说服对方。

沟通的智慧

毫不留情地立刻拒绝,非常具有杀伤力。在面对别人提出要求时,看着对方眼睛,短暂沉默,足以暗示你有为难之处。或是把拒绝稍微延迟,告诉他,如"让我想想好吗""我再打电话跟你联系"等话语,可以降低他的期待。此外,用电话往往比当面拒绝容易。但切记:不要拖延太久,痴痴等待却落空,会让人更加不愉快。

三、顾左右而言他，转移注意力

在与人沟通的过程中，讲话是一种艺术，而拒绝就是语言艺术的最高境界。成功的拒绝既要有力度又不会造成伤害。所以，当我们对他人说"不"的时候，首先要明确，防止不必要的误会发生；其次就要灵活，如果可以做到顾左右而言他，成功转移注意力，让对方在不知不觉中接受你的拒绝，这样才称得上是成功的拒绝。

第二十四届奥运会时，中国代表团一到汉城（现名首尔），记者就缠着李梦华团长提问题："中国能拿几块金牌？"

李梦华回答："10月2日之后，你们肯定能知道。"

记者又追问："新华社曾预测能拿11块金牌，你认为客观吗？"

李梦华答道："中国有充分的言论自由，记者怎么想，就可以怎么写。"

这种避实就虚，顾左右而言他的回答方式，虽然没有正面回答记者的问题，但是也没有因为直接地表示拒绝，而让彼此难堪。

其实，在生活中，当你面对不知道如何回答问题时，你可以采用这种方式。比如，你看到一位胖姑娘穿了一件新裙子，她很高兴地问你："漂亮不漂亮？"此时，她当然是想得到你的赞美。可是，你既不能违心地称赞她，又不能避而不答。那么，你应该怎么办呢？其实，你可以说："世界上的女孩子都是爱美的，比如……"或者说："啊，今年夏天姑娘们都爱穿连衣裙。你看过'XXX'

电视节目吗？那上面介绍的款式可真多，又时尚又漂亮……"

顾左右而言他地转移话题，是一种比较有效的拒绝方法。在我们与人谈话的时候，总希望谈话气氛能够友好和谐，可如果对方提出一个请求，被你拒绝了，那么，谈话气氛很可能会因此而紧张。为了避免这种情况出现，你完全可以采用转移话题的方式。

日本有个叫井上的小伙子，有一天他去拜访本田宗一郎，想要把一块土地卖给他。

在介绍这块土地的时候，本田宗一郎一直没有说话，而是一直认真地听着。听完井上的讲述后，本田宗一郎并没有立即表示"买"或者"不买"。而是从桌上拿了一些类似纤维的东西给井上看，并对他说："你知道这是什么吗？"

"不知道。"井上如实回答。

"这是一种新发明的材料，我想用它做我们汽车的外壳。"本田宗一郎仔细地向井上讲解了一遍。

本田宗一郎这一讲就是将近一个小时，他讲到了新型汽车制造材料的来历与好处，又讲了明年打算采取何种新的汽车销售计划。这些谈话内容让井上觉得摸不着头脑，但又感觉很愉快。谈话结束，本田宗一郎在送井上离开的时候，才顺便说了一句，自己不想买那块地。

如果本田宗一郎一开始就告诉井上自己不想买那块地，那么，井上势必会用各种方式来说服本田宗一郎，从而让双方陷入一场毫无意义的争辩。为了避免这场争辩，本田宗一郎巧妙地转移话题，从而成功地拒绝了对方的销售要求。

我们在转移话题的时候，可以把话题转到对方身上，也可以转到其他不相干的话题上，关键是看我们当时所处的环境，以及你想要达到的目的。如果你想拖延时间，大可以把话题转到不相干的事情上。如果你想让对方知难而退，那么，就可以把话题转到对方身上。

沟通的智慧

傲慢地拒绝他人，容易招来对方的怨恨，对人脉积累也是没有好处的。所以，当你不得已要拒绝他人时，可以尽量巧妙委婉地说明，以转移话题的方式，以温和友善的口气，告诉他人你的态度，一定可以获得对方的谅解。

四、给对方一点暗示，让他主动放弃

在与人沟通时，有些不能明着说的话，就需要用暗示来表达。我们都知道，直接拒绝会影响关系，伤害感情，而暗示的方法最适合用来表示拒绝。当你用言语或者行动，传达你拒绝的态度时，对方就会知趣地放弃。

有两个打工的老乡，找到在城里工作的周毅，诉说打工的艰辛，他们一边说现在房租太贵租不起房，一边又说最近老板都没有开支，手里没钱。其实，言外之意就是想在周毅家借宿。

周毅明白他们的意思，可是自己家里也确实没地方住。于是，他说："城里和乡下不一样，住房就是紧张。就拿我来说吧，这么两间小房子，住了一家五口，三代人。我那上小学的儿子，晚上还得睡沙发，你们大老远地来看我，应该留你们在家里住上几天的，可是这情况你们也看到了。"

两位老乡听了这话，也只能知趣地离开了。

很多人觉得求人是一件很困难的事情，但如何拒绝他人同样也是让人头痛的事情。当我们不得不说"不"的时候，其实，双方都已经陷入了一种尴尬、痛苦的局面里。所以，在表达拒绝之前，可以先思考一下，用一种暗示的方式，让对方知道你的态度，才能避免让大家都难堪。

鲁宾斯在巴黎举行演奏会，获得了巨大的成功。有一位贵妇人对他说："伟大的钢琴家，我很喜欢你的演奏，很欣赏你的成就，可是，现在票房的票都卖光了，你能送给我一张票吗？"

当时，鲁宾斯手中也没有票，同时，他也不想给演奏举办方添麻烦，所以，鲁宾斯并不想答应贵妇人的要求。虽然想要拒绝，但是，鲁宾斯又不想太过直接，因为那样会显得攻击性太强，会伤害对方的感情。因此，鲁宾斯就对她说："真是遗憾，我手上一张票也没有，不过，在大厅里我有一个座位，如果您高兴……"

贵妇人兴高采烈地问道："那么，那个位置在哪里呢？"

鲁宾斯回答："不难找，就在钢琴后面。"

当我们出于善意要照顾对方感情的时候，巧妙地暗示无疑是有效的拒绝方法。当然，如果找不到合适的言语来暗示对方。你同样可以通过身体语言来传达你的态度。比如，当你和对方谈了很长时间感到有些疲惫的时候，你可以用手按按头或者稍微转动一下脖子，让对方知道你身体不适，想要尽快结束谈话。我们身体传达出的暗示信号，一旦被对方接受，往往比语言暗示的效果更直接。

大卫到客户公司去拜访，他原本打算拜访结束后尽快回到公司去做其他工作。可是，客户常先生特别热情，要邀请大卫吃午饭。如果大卫陪客户吃饭聊天，一定会耽误下午的工作。可是，直接拒绝客户又会影响今后的合作。

无奈的大卫要怎么做呢？

其实，大卫可以在客户邀请他的时候，露出一点苦笑，然后下意识地看看手表。客户可能就知道，今天他很忙，不方便留下吃饭，也许就会再约下次了。

表示拒绝，完全可以用肢体语言来告诉对方，让对方明白你的难处所在。

沟通的智慧

　　一般来说，一个人有事求别人时，总希望别人能满足自己的要求，却往往不考虑给他人带来的麻烦和风险。用暗示的方法把拒绝的意思表达出来，让对方设身处地地去判断，并体谅自己的难处，会使提出要求的人望而却步，放弃他的请求。

五、给对方一个可以接受的理由

当我们向某人表示拒绝的时候，紧跟而来的问题就是"为什么？""为什么不接受我的邀请？""为什么不借钱给我？""为什么不同意我的意见？"……此类问题，如果我们不能给出合理的理由，那么，我们的拒绝似乎也就变得没有意义了。

在与人沟通的时候，如果你一定要表示拒绝，那么，请给对方一个可以接受的理由。如果你的理由是"我想""我愿意"之类的借口，就表示你对他人没有足够的尊重，而你的拒绝也只会给自己带来各种麻烦和问题。相反，如果可以拿出一个情有可原的理由，那么即使这一刻你拒绝对方，下一刻你们还能友好地进行交流沟通。

苏晓在物业公司工作了五年，在这五年时间里，她的业绩一直很好，住客也都对她赞赏有加。一次同学聚会之后，苏晓发现同学的工资都比自己高，而她的工资却还是老样子，苏晓觉得很委屈。于是，她鼓起勇气去找总经理，在经理办公室，苏晓毫不犹豫地表达了想要涨工资的想法。

总经理耐心地听了苏晓的诉说，微笑着说："你的工资确实应该涨了，但是……"总经理慢条斯理地拿出一份文件，不慌不忙地说，"根据本公司的职务工资制度，你的工资已经是你这一档中最高的了。"

苏晓一下子泄了气："唉，我竟然忘了我的工资级别。"说完，她就离开了总经理的办公室。

拒绝他人不是最可怕的，最可怕的是我们不能给出一个合理的理由。苏晓想要涨工资的理由很充分，如果总经理没有一个充分拒绝的理由，那就会打击苏晓工作的积极性，甚至让其在今后的工作中表现越来越差。

当我们能给对方一个拒绝的理由后，他就会知道你拒绝的是这件"事"，而不是他这个"人"。比如，当你正在争分夺秒地准备某项重要工作时，你的同事却让你帮他打印一份材料。这时，你可以说："我很想帮你打印，只是不巧，我现在正在处理一件急事，下次有机会我再帮你。"这句话虽然也表示了拒绝，但是却能让对方感觉到你很想帮他，只是现在没有时间而已。

我们在给对方拒绝理由时，不仅要考虑这个理由的合理性，同时也不能让这个理由伤害对方。如果你直截了当地告诉对方，你因为"不喜欢""不愿意"才拒绝他，那你就是为自己树立了一个敌人。

林肯当总统期间，朋友向他引荐某人为内阁，林肯早就了解到这个人品行不好，所以一直没有同意。一次，这个朋友生气地问他，为什么现在还没有结果。林肯表示，不喜欢对方那副"长相"。朋友惊讶地表示："什么！你的要求未免也太苛刻了吧。'长相'是父母给的，也怨不得他啊！"

林肯说："不，一个人超过四十岁就应该对他的'长相'负责了。"

林肯对朋友的推荐表示了拒绝，而他给出的理由也十分巧妙。虽然，林肯是因为被推荐者的人品才不考虑让他当内阁，可是他在表示拒绝的时候，却用了"长相"这个理由，而这个看起来"荒唐"的理由，既表达了林肯的立场，也让朋友在保留面子的基础上接受了他的拒绝。

沟通的智慧

表达拒绝态度的时候，态度一样要温和，尽管说"不"是我们的权利，但仍需要先说"非常抱歉"或者"实在不好意思"。然后，再表达自己拒绝的理由。只有这样，别人在感情上才能接受，才可以尽量避免负面影响。

别输在不懂沟通上

第十章 如何对别人说"NO"——有理有据，不卑不亢

六、对领导说"不"的讲究

有些人觉得与领导沟通交流时，即使领导说错了也不应该对他说"不"，否则就会伤害领导的自尊心，甚至会让领导反感自己，给自己穿小鞋。可事实上，如果你一味地附和领导的话，完全不会表达自己的思想，反而容易被认为能力平庸，无法重用。相反，如果你能巧妙地对领导提出的不合理观点说"不"，反而会彰显你的才干。

甘罗的爷爷是秦朝的宰相。有一天，甘罗看见爷爷在后花园走来走去，不停地唉声叹气。

"爷爷，您遇到什么难事了吗？"甘罗问。

"孩子啊，大王不知听了谁的教唆，硬要吃公鸡下的蛋，命令满朝文武想法去找，如果3天内找不到，大家都得受罚。"

"秦王太不讲理了。"甘罗生气地说，他眼睛一眨，想了个主意，说，"爷爷您别急，我有办法，明天我替你上朝好了。"

第二天，甘罗真的替爷爷上朝了。他不慌不忙地走进宫殿，向秦王施礼。

秦王很不高兴，说："小孩子到这里搞什么乱！你爷爷呢？"

甘罗说："大王，我爷爷正在家生孩子呢！托我替他上朝来了。"

秦王听了，哈哈大笑："你这孩子，怎么能胡言乱语！男人哪能生孩子？"

甘罗说："既然大王知道男人不能生孩子，那公鸡又怎么能下蛋呢？"

一时之间，秦王哑口无言，而甘罗也躲过一劫。

领导提出的要求不一定就是合理的，而在我们面对不合理的要求时，就要说"不"。当然，向领导表示拒绝时，绝对不能直截了当，因为直接拒绝会让领导有损颜面。

此时，我们不妨巧妙地运用一件类似的事情，让领导意识到问题的难度，从而自动放弃。

秦颖刚毕业就进了一家广告公司做文案。有一天，秦颖把一个改了很多次的产品文案拿给经理，经理只是大概看了一下文案内容，就冷淡地说："我们做广告就是要有创意，你这个文案写得太过直接了。我觉得你可以把它写得再有情怀、有艺术感一点儿。你还是拿回去再研究一下吧。"

此时，秦颖并没有直接反驳经理的指责，而只是问他："经理，可不可以请教一下，一个新产品刚刚上市时广告的目的是什么吗？"

经理回答说："让消费者尽快了解新产品。"

秦颖接着问道："那么，怎样才能让消费者通过广告迅速地了解到新产品的信息呢？"

一时间，经理也不知道如何回答是好。

秦颖继续说："经理，我知道广告的灵魂在于创新，可是我们也必须在实际情况的基础上加以变通。就拿我们的这个新产品来说吧，目前这个产品在市面上还比较新，消费者对它却一无所知，我们的广告目的是让消费者迅速地了解到新产品的特性，我认为还是用直接的广告表现手法为好。如果用艺术性的表现手法则恐怕有很多人会不知道广告在表达什么，而这样的广告也可能会陷入到中看不中用的境地。相反，直接的广告表现手法表面上虽然缺乏创意，但因为我们的这个产品也就是个很奇特的新产品，本身也就是个很好的卖点，很有吸引力，因此我觉得用直接的广告表现手法是再好不过的了。

当然，这仅仅是我个人不成熟的观点，如果有哪点说得不对，还请经理指点，而如果您最终还是认为用艺术性的表现手法更为好一些的话，那么我就拿回去再做一遍。"

经理听后，当即对秦颖大加赞赏，从此开始重视她。不久之后，秦颖就被提拔成了客户经理。

虽然员工在职位上比领导要低，但是在思想上都是平等的。当领导出现问题的时候，员工完全有资格对领导说"不"。就像故事中的秦颖一样，能够让领导心甘情愿地接受她的拒绝，不仅不会引起她的厌恶，还会让领导对她欣赏有加。所以，身在职场的你，大可以根据领导的性格和脾气，用委婉的方式拒绝领导的不合理要求。

沟通的智慧

当你准备对你的领导说"不"的时候，不能直截了当地说出来，也不要以"虽然……但是……"这样的模式说出来，因为有太多人用这种模式了，以至于你一说出来，他可能就会知道你这是在反对他的观点。因此，最好的拒绝方式是以迂为直，先设问，再用问话一步一步地引导其认同你的观点。

> **下篇**
> 沟通，那些你必须掌握的关键

第十一章
如何向别人求助——以心换心，四两拨千斤

一、话说对了，事就成了

俗话说"一个好汉三个帮"，一个人想要获得成功，少不了要向他人寻求帮助。虽然向人求助是一件很平常的事情，但想要通过请求获得鼎力相助却并非易事。

在向别人求助时，有人会因为怕被拒绝，闭口不谈；有人会因为难为情，从来不主动求助，而是等到别人发现自己需要帮助。其实，求助也可以很容易，关键还要看你如何把话说对了。那么，如何才能把求助的话说对了，从而把事情办成了呢？这就需要我们掌握正确的谈话方式和灵活的求助技巧了。

1. 用坦诚的态度感动对方

在开口向人求助的时候，一定要注意用真情实感打动对方。以心换心是与人交流时，最能赢得对方认同的方式之一。只有当你以真实的情感对待他人的时候，对方才能感受到你的诚意，并愿意拿出同样的态度回应你。

2. 灵活应对，见什么人说什么话

我们在求人办事的时候，所要做的第一件事就是要了解对方是一个什么样的人，他有什么爱好、习惯，他的脾气、个性如何。在对对方有了大致了解的基础上，再选择适合的话语，运用一定的技巧，对症下药，才能达到求助的目的。例如，面对死板的人，要循循善诱地引导；面对傲慢无礼的人，要耐心细致地等待，寻找机会；面对深藏不露的人，要察言观色，见机行事；

面对草率鲁莽的人，要见缝插针，把握机会。

3. 巧用激将法

你可能遇到过这样的情况：在向某人求助的时候，任凭我们好话说尽，嘴皮子磨破，对方依然不为所动。对于这样的人，一定要适当运用说话的技巧。当正面的求助没有效果的时候，不妨换个角度，用激将法来"刺激"一下对方。激将法若用得好，也会收到不错的效果。在与人沟通的过程中，灵巧地运用激将的方法，能够把对方的自尊心、自信心激发出来，从而更好地为我们提供帮助。

4. 借古讽今

借古讽今是一种求人、劝人的说话技巧。比如，我们可以通过讲"古"，来让对方明白某些道理，明白我们的本来意图，让对方更直观地理解你的意思。在此基础上，我们再提出要求就可能更容易打动对方。"古"实际上就是指我们听到或者从书中读到的典故，这些典故之中往往蕴含着某些为人处事的大道理。

5. "礼"多人不怪

当我们向人求助的时候，可以适当地送礼表示感激之情。在送礼的过程中，语言的表达同样重要。如果你所说的话不能恰如其分地配合你的行动，那么送礼就不会获得预期的效果。简单来讲，就是我们要为送礼找一个合适的"借口"。

那么，如何才能为自己送礼找个好的理由呢？比如"这东西是我父母从老家带回来的特产，特意带来给您品尝""听说您家里有位八十多岁的老人，带点补品给老人家补补身体，算我孝敬老人了"。

沟通的智慧

与人沟通，说话要说到点上，交流才能更顺畅。求人办事说话，更要讲究方式方法，如果你不注意讲话方式，上来就向别人求助，对方一定会很难接受你的请求；如果你不讲究讲话技巧，只懂得一味地诉苦求助，也只会让对方感到厌烦，并不能帮助你获得同情。所以，求助的时候，一定要把话说对，说到对方心坎里面去，从而收获心甘情愿的帮助。

二、人同此心，感情的"共鸣"最有效

一部优质的电影、一本动人的小说、一首美妙的歌曲，很容易引发人们感同身受的情绪。而当我们在情感上有了相同的触动时，其所传达的内容就更容易被接受。我们在向人求助的时候，同样也是要先获得对方的赞同与接受，进而才会赢得帮助。而要被人接受，最佳途径莫过于让对方与你产生情感上的共鸣。

伽利略小的时候就已经立下雄心壮志，要终生从事科学研究。当时，伽利略无比期望父亲可以支持和帮助自己，可是他的父亲并不支持伽利略这样做。

有一天，伽利略想要说服父亲支持自己。于是，他对父亲说："我有一件事想请教您，可以吗？"

"当然，你今天这是怎么了？"父亲感到有些奇怪。

"请问，是什么促成了您和母亲的婚事呢？"伽利略问道。

"因为我爱你母亲，仅仅是因为爱，这很简单。"父亲回答。

"您有没有对别的女人动过心呢？"伽利略又问。

"天哪！你今天这是怎么了？我当然不会对别的女人动心。我爱你的母亲，我的妻子。从前，家里要求我娶一位富商的女儿，但我没有同意。知道你母亲年轻的时候有多么迷人吗？现在她虽然老了，但是在我心中她依然那

么美丽，我只爱她一个人。"父亲连忙说。

"哦，您因为爱我的母亲所以娶了她，并与她白头偕老，但是现在我有同样的困境，不知道是不是也能和我的所爱一起度过此生呢。"

"如果你有了心仪的女孩，那么，你就去追求她。我相信我的儿子是最棒的，一定能追求到最漂亮的姑娘。"父亲对伽利略表示了鼓励。

"不，父亲，我热爱科学，我喜欢物理，除了科学，我不可能选择别的职业。我喜欢科学，我对别的事情毫无兴趣，我想把自己的一生奉献给科学。父亲，我希望你能理解并支持我的决定。我热爱科学，就像倾慕一位女子一样。"伽利略终于把话说到了主题上来。

"你知道这是两回事吗？"父亲惊叹道。

"在我看来，这就是一回事。我只热爱科学，科学就是我的生命，科学就我的寄托，没有科学，我也不会存在。我不可能离开科学而很好地生活。现在，即使是我们班最穷的学生都在考虑婚事了，但是，我没有这样的想法，我想在科学上有所成就，我愿意终生与科学为伴。"伽利略激动地说。

这番话深深地打动了伽利略的父亲。

伽利略又接着说："您是个有才干的人，但是您缺少力量，而我现在很可能兼而有之，但这需要父亲您的帮助。您为什么不能帮助和支持我，实现我的愿望呢！"

"孩子，我想帮助你，但是我没钱供你上学啊。"父亲终于被说动了。

"没关系，只要您肯答应我，我相信没有什么难关是不能克服的。没有钱，我可以去领一份奖学金，奖学金是发给穷学生的。您在佛罗伦萨有很多朋友，只要您愿意出面，我相信，不久我就可以拿到奖学金。有了奖学金，我就可以上学，我就能实现自己的愿望了。"

"这个可以考虑，等我再想想吧。"父亲表示。

"您还需要考虑吗？父亲，我求求您了，求求您帮助我，求求您尽力而为。我会努力学习，我向您保证，我会在不久的将来成为全世界上最优秀的科学家。"

最后，伽利略终于劝服了父亲，帮助伽利略实现了他的愿望。而伽利略也如他所言，真的成了一位了不起的科学家。

当他人对你的态度与行为表示否定的时候，你基本上不大可能获得他的帮助。那么，要改变对方的态度，就要像伽利略一样，用真挚诚恳的态度感动对方，让他了解你的感受，并为你的感情所打动，最后与你的感情形成共鸣。只有当对方心理上与你达成了共鸣之后，你才能顺利地实现自己的目标。

那么，要如何才能更好地实现心理共鸣呢？

（1）你要找到一个适当的能引起对方共鸣的话题。

（2）通过这个话题逐渐过渡到正题上来。

（3）进入正题之后，要清晰明了地表达自己的态度与观点。

（4）用动情的表述与真挚的言语赢得对方的认同，进而结束谈话，达成最初的目标。

沟通的智慧

我们在寻求他人帮助的时候，都会想尽办法来表述自己面临的困难，自己经历的痛苦。其实，这些表述就是为了获得他人的同情，让对方更愿意接受我们的请求，给予我们必要的帮助，这里面的同情也是一种感情共鸣。在求助的时候，情感上的沟通与交流是最重要的，只有当你在感情上赢得了对方的共鸣，你才能在现实中有所收获。

三、诚恳一点，被认同的可能性就大一点

向别人提出请求时，你的态度越是诚恳，别人拒绝你的可能性也就越低。试问谁会忍心对一个有情有理、真实诚恳的请求说"不"。假如你正处在困境中，需要他人的帮助，那么，不妨拿出你最真挚的感情，坦诚你的难处所在，相信一定会有人愿意向你伸出援助之手。

甘道夫是个保险推销员，在他年轻的时候，曾去过一位很有名气的书商那里拜访。当他看到书商收藏了许多徽章与奖杯时，甘道夫问道："这些徽章和奖杯是如何得来的？"

"我曾获得过美国最佳书商的称号。"

"你是如何成为第一名的？"

"因为我知道一句神奇的格言。"

"什么神奇的格言？"

"我会向客户说'我需要你的帮助'。当你诚心诚意地向别人求助时，没有人会说不。"

"你要求什么帮助？"

"我请他给我三个朋友的名字。"

甘道夫知道了这位先生当年成功的秘密，这位先生是向客户索求三个被推荐的名单，为什么是三个，而不是五个、十个呢？根据心理学家分析说，

人们习惯性用"三"来思考，此外，很少人有三个以上的好朋友。

一句"我需要你的帮助"的确帮了甘道夫许多忙，在取得三个朋友的名字之后，甘道夫会向客户了解他朋友的年龄、经济状况等信息。在离开之前，甘道夫会对客户说："你会在下周前与他们见面吗？如果会，你愿不愿意向他们提起我的名字？或者是，你会不会介意我提到你的名字呢？我会用我与你接触的方式，与他们接触。"

"我需要你的帮助"的确是一个好方法。甘道夫牢牢记住了这句话，因为很多人都愿意提供这种微不足道的帮助，于是他的客户群像滚雪球一样越滚越大，通过真诚的交往和不懈的努力，甘道夫终于成为历史上第一位一年内销售超过十亿美元寿险的成功人士。

当我们向他人寻求帮助或者寻求对方认同的时候，必须秉持一颗诚恳的心，并根据时间、场合与对象的不同，将自己真诚的一面通过话语表达出来，如此才能建立良好的沟通关系，达到求助的目的。

松下幸之助推销产品时，碰到一个杀价高手。

他告诉对方："我的工厂是家小厂，夏天炎热的时候，工人就在炽热的太阳下加工制作产品。大家都汗流浃背，却异常努力，好不容易制作出这些产品，按照正常利润的计算方法，应当是每件×××元承购。"

对方一直认真地听松下幸之助讲话，但他讲完之后，对方微微一笑说："我真是佩服你啊，卖方在讨价还价的时候，总会说出种种不同的话，但是你说得很不一样，句句都诚恳，又都合情合理。"

为什么松下幸之助可以获得成功呢？原因就在于他与人沟通交流的时候，能够以诚恳的态度讲话。当松下幸之助描述工人劳作的辛苦时，他的言语虽然不华丽，但是却无比真诚、自然，正是这些唤起了对方的同情，同时也达到了自己的目的。

沟通的智慧

与人沟通，向人求助的时候，无论事情是大还是小，都需要有诚恳的态度。诚恳的态度包括很多方面，其中之一就是要有礼貌。试想一下，在有人向你求助的时候，如果对方上来就称呼你"喂"，你一定觉得很不舒服，好像自己帮助对方是天经地义的。同理，当你求助别人的时候，一定先要注意称呼，好的称呼会给对方良好的印象，这样才有办成事情的希望。向人求助的时候，一定要注意用语，该尊称的，一定不能忽略。即使你们是很好的朋友，也不能忽视这一点。

四、出其不意，巧妙释放出求助信号

"我最近手头有点紧，你能借我点钱用吗？"

"不好意思，我的钱都买理财产品了。"

"我要搬家，你能来帮忙吗？"

"我这周加班，实在没有时间啊。"

"我的戒指丢了，你快帮我找找！"

"我正忙呢，等会儿帮你找吧。"

……

当我们用直接的语言向他人求助的时候，得到的答案可能并不如预期所想的那样。

有求于人的情况大家或多或少都遇到过，同样，因为求助不得当，而被拒绝的事情也经常会发生。虽然，向他人求助最终能不能获得帮助的决定权在对方手上，但是，如果我们以巧妙的形式释放求助的信号，那么对方拒绝你的可能性就会小很多。

有一天，一位大学教授找到广告业务员表示想登一则广告，教授说："上个星期，我的一把雨伞在伦敦教堂被人拿走了。如果这是一把普通雨伞也就算了，但这是我朋友特意送给我的，非常有纪念意义，我希望可以找回这把雨伞。可是，我已经花了好几把雨伞的价钱在报纸上登寻物启事，结果却还是没有任何消息。"

"先生，您的广告词是怎么写的呢？"广告业务员问。

"广告在这里，您自己看看吧。"教授一边说，一边从书包里拿出一张从报上剪下来的纸片。

广告业务员接过纸片看了看，上面写着：上星期日傍晚于教堂遗失黑色绸伞一把，如有人拾得，烦请送到布罗德街10号，当以5英镑酬谢。

"这个广告词有问题，我可以重新为您拟一个广告，保证您能找到雨伞。"广告业务员说，"先生，您要知道，我经常做广告。广告里面可是大有学问的，而您的广告内容太过于简单了。"

紧接着，广告业务员就写了一条广告语：上星期日傍晚，有人曾见某君从教堂取走雨伞一把，取伞者如不愿招惹麻烦，还是将伞速速送回布罗德街10号为好。否则，此君为谁，尽人皆知。

第二天，这则广告见报了。

第三天一早，教授打开门一看，院子里横七竖八放了好几把雨伞，自己丢的那把雨伞也在其中。每把伞的伞把上都拴着字条，表示自己没留心拿错了，希望失主不要将此事声张出去。

虽然广告业务员发出的信息有些不实和夸张的成分，但是却帮助教授找到了丢失的雨伞。试想一下，如果教授一直用简单直白的方式寻伞，那么他最终找到伞的概率又有多大呢？在我们想要获得他人帮助的时候，用巧妙迂回的方式或许是最有效的。

晴晴最近买了新房子，她想把墙壁粉刷一下，可是对于刷墙她一窍不通。于是，她想到了朋友小颖，小颖是自由职业，平时时间比较充裕，而且对装修设计也十分了解。于是，晴晴拨通了小颖的电话："小颖，最近忙吗？不忙的话，你来我这里住几天吧，可以当作散心或者旅游，我负责好好招待你。"

"行啊。"小颖爽快地回答,"不过,我这边有点小事需要你帮忙,就是帮我看看房子怎么装,你不介意吧?"晴晴提出了要求。

"好,没问题。"小颖一口就答应了。

原本晴晴是想请小颖帮忙的,但是,她在求助之前,先提出让小颖来散心、旅游,并且会好好招待对方,这种在求助之前的铺垫,让小颖知道晴晴的感谢与报答之意,而小颖也就没有了拒绝的理由。如果晴晴没有巧妙的铺陈,直接让小颖来帮忙,也许小颖不会拒绝,但是直白的请求,缺少了感情的沟通交流,让帮助变成一种理所当然时,小颖的付出很可能会大打折扣。

沟通的智慧

在与人沟通时,表面上是言语的交流,实际上却是感情的交流。当我们有求于人的时候,我们更应该表达自己的感激之情,以唤起对方的情感,而通过巧妙的方式,释放求助的信号,恰好就是打动对方,让对方心甘情愿地提供帮助的有效途径。所以,与其直白地提出求助,不如出其不意,更为巧妙地释放出你的求助信号。

五、提出底线以上的要求，不要强人所难

与人沟通，向人求助的时候，一定要给对方留有思考的余地，切不可强人所难。很多时候，我们只想着自己的难处，却不去考虑他人是否能办到。其实，有些事情你觉得对方可以办成，可实际上未必如你所想。因此，当对方诚心向你表示爱莫能助的时候，你也不要强人所难。

李双知道老同学张欣的亲属在政府部门工作，于是她就找到张欣，希望张欣可以通过亲属的关系把她调到一个集团单位。张欣见老同学求助，虽然有些犹豫不决，但最后还是勉强答应了。

张欣答应李双之后，就立刻跑到亲属那里说明情况，希望能得到帮助。可是，亲属却一口回绝了张欣。无奈之下，张欣只能把实情告诉李双，但李双却认为张欣不想帮助自己。

于是，李双立刻沉下脸来说："还以为你亲戚有多大本事呢，答应得好好的，结果却一点儿忙都帮不上。"说完，李双就离开了。张欣心里特别不是滋味。明明是对方求自己在先，怎么最后自己却被数落了一番。

像李双这样，心浮气躁，完全不考虑被求助者的处境，只会一味地责怪对方，而不体谅对方，那么，今后也没人愿意向她提供帮助。

我们求人办事，一定不能表现出一种理所应得的态度，因为没有人有义务一定要帮助你。向他人求助，首先要考虑对方是否能办到，如果办不到就

不能强人所难。当我们在求助的时候，千万不能提出超出对方力所能及之外的要求。即使你自不量力地向他人提出过分离谱的请求，最终尴尬和难看的只能是自己。

在生活中，我们总是有某种共同的期望，那就是能获得他人的帮助与支持。可是，我们也应该明白期望与现实的差距。谁都希望获得帮助、获得成功，但是谁也没有义务一定要为你提供帮助。所以，千万不要把他人的帮助当作是一种理所当然。

此外，求人必须要考虑事情的可行性。求人的时候，你的要求是合理的、可行的、有望实现的，求人才有现实意义，否则，不是自寻烦恼，便是让别人不高兴。

沟通的智慧

即使你向他人提出的要求是合理的，也要讲究时机和技巧，不然将会被人认为是无理取闹。比如，当你认为自己的薪水和能力不成正比，想要老板加薪的时候，你一定要做好充分准备，掌握谈薪水的时机与分寸。因为，只有做好完全的准备，成功的可能性才会更大。

六、不妨试试"软磨硬泡"

在很多人眼中,软磨硬泡有些耍赖的意味。可事实上,软磨硬泡和死缠烂打是有本质区别的。与人沟通、求人办事的过程中,软磨硬泡的立足点是耐心与韧性,本着"精诚所至,金石为开"的信念,坚持不懈,直到对方同意或者满足自己的请求。如果你有恒心和毅力,同时还充满诚意,那么,在求人的时候,不放试试"软磨硬泡"的方法。

1946年,当土光敏夫被推举为日本石心岛芝浦透平公司总经理时,日本正处在一个非常困难的时期,百姓生活困苦,企业发展更是困难重重。当时的日本企业要想维持生存,最大的困难就在于无处筹措资金。即使是日本最强大的企业,也面临资金困难的问题。

在土光敏夫担任经理职务之后不久,公司就出现了资金紧缺的情况。当时,由于生产资金来源没有了,公司已经到了破产的边缘。身为总经理的土光敏夫只好四处筹措资金,每天在各大银行间奔走。

有一天,土光敏夫再次来到第一银行总行,准备与营业部部长长谷重川郎商讨贷款的事宜。长谷重川郎面对这个已经无数次走进自己办公室的人,再一次陷入了无奈之中,因为实在没有耐心再听他的讲说。所以,任凭土光敏夫说破了嘴皮子,长谷重川郎都是一副爱莫能助的表情。

就这样,一上午过去了,会谈没有任何结果,但是土光敏夫完全没有要离开的意思。

到了午饭时间，长谷重川郎觉得这个无聊的上午终于要结束了。可是就在长谷重川郎稍稍松了一口气的时候，土光敏夫却不紧不慢地从提包里拿出了便当，他说："我们可以边吃边谈，就算谈到天亮也没问题。"

期间，长谷重川郎想要离开，但都被土光敏夫拦了下来。

长谷重川郎见土光敏夫这种不达目的誓不罢休的样子，虽然心里有些生气，但也开始敬佩这个坚持不懈的家伙了。最后，他决定贷款给土光敏夫。

后来，土光敏夫又用同样"软磨硬泡"的方法，在政府机构为机械制造业争取到了补助金。

向他人求助的关键就在于获得对方的认可，如果不被认可，能打动对方或者博取同情同样也能让求助变得更为顺利。所以，我们在"软磨硬泡"求助的时候，要做到笑脸相迎，可以的话，最好能用幽默、感情来打动对方。只有这样才不会让"软磨硬泡"升级为死缠烂打，最后落到被人厌恶、反感的地步。

如果打算用"软磨硬泡"的方法向人求助，就一定要做到以下几点：

第一，不能太在意面子，脸皮一定要厚，绝对不可以被拒绝就退缩；

第二，要大胆勇敢地表达自己的观点，拿出不达目的誓不罢休的决心；

第三，表面上虽然是在"软磨硬泡"，但实际上要拿出打动对方的真诚，让对方被你的真心实意所感动。

沟通的智慧

当我们不得不向他人求助的时候，面子就像一道天然的阻碍，横在求助者与被求助者之间。其实，每个人都不是一帆风顺的，都有遇到困难的时候。

此外，求助也并不是丢人的事情。因此，在需要求助的时候，就去向别人开口。但是切记：在你四处求助无效的时候，可以尝试"软磨硬泡"，用你的耐心、毅力与真诚打动对方。

第十一章 如何向别人求助——以心换心，四两拨千斤

> 下篇
> 沟通，那些你必须掌握的关键

第十二章
如何说服一个人——以情动人，以理服人

一、智慧巧妙地表达，提升你的说服力

当我们试着说服他人时，似乎处在被动的位置上。可事实上，只要我们掌握好说服的技巧，用智慧的语言和巧妙的表达，完全可以化被动为主动，成功说服别人。

俄国伟大的十月革命刚刚胜利的时候，象征沙皇统治的皇宫被革命军队攻占了。当时，俄国的农民们拿着火把叫嚷，要点燃这座举世闻名的建筑，将皇宫付之一炬，以泄他们心中对沙皇的仇恨。一些有知识的革命工作人员出来劝说，但都无济于事。

列宁得知此消息后，立即赶到现场。面对着那些义愤填膺的农民，列宁很恳切地说："农民兄弟们，皇宫是可以烧的。但在点燃它之前，我有几句话要说，你们看可不可以呢？"

农民们一听这话，便知列宁并不反对他们烧皇宫，于是就答道："完全可以。"

列宁问："请问这座房子原来住的是谁？"

"是沙皇统治者。"农民们大声地回答。

列宁又问："那它又是谁修建起来的？"

农民们坚定地说："是我们人民群众。"

"那么，既然是我们人民修建的，现在就让我们的人民代表住，你们说，可不可以呀？"

农民们点点头。

列宁再问："那还烧吗？"

"不烧了！"农民们齐声答道。

就这样，皇宫保住了。

说服他人，绝对不是强迫对方认同自己的观点，而是运用巧妙的表达方式，增强自己的说服力。列宁在说服农民的时候，一开始完全接受对方，使对方消除了戒意，因势利导，使对方改变了自己观点，也接受了他的观点。如果他一开始就亮出自己的观点，对方就会坚决抵抗，那样做不仅是愚蠢的，也不会说服对方。

当然，一个人的说服力并不是天生的，而是可以学习和提高的。而想要成功地说服他人，想让自己变得更有说服力，就一定要掌握以下几点技巧。

1. 让人对你产生好感

一般来说，人们都喜欢欣赏自己的人。发现对方的优点，并主动赞美几句，会让对方更容易接纳你的意见。比如，在说"正事"之前，夸夸他的穿着打扮、人品态度等。

2. 借用"羊群效应"

人们都害怕与社会脱节，会不自觉地"随大流"，仿效多数人的做法。这正是羊群效应，通过随大流获得在社会中的安全感和归属感。

3. 把握互惠原则

当你对着别人微笑时，别人通常也会用微笑回报。同样的道理，别人说话时点头鼓励、用肯定的目光看着他，当轮到你发言时，他也更容易肯定和相信你所说的话。

4. 发挥权威效应

多数人愿意听从专家或权威人士的意见。在说服别人时，不如利用一下"名人效应"，告诉对方"这是某某大师的建议"或"某位名人也喜欢这样做"，也许能收到事半功倍的效果。当然，把自己的专长充分展现出来，也能起到不错的效果。

5. 留下"证据"

只要承诺了，人们通常都会努力实现。因此，谈好事情后让对方给出承诺，比如记在备忘录上、找个见证人等。既不让你遗忘承诺，也能给对方一个很好的提醒。

沟通的智慧

在与人沟通中，想要得到对方的认可，就要想方设法说服对方。说服并不是强迫对方认同自己的观点或想法，而是通过语言的艺术，或者情感的沟通，让对方心甘情愿地表示认同。成功说服他人的关键就在于提升自己表达的智慧，因为，只有智慧巧妙的表达方式，才能赢得他人真心实意地支持与赞同。

二、抓住关键，把话说到点子上

说服他人的话，不在于多，而在于准，在于精。在与人沟通的时候，想要说服对方，让对方赞同自己的观点，就要抓住问题的关键所在，把话说到对方的心里去。

那么要怎么把话说到对方心里去呢？首先要在关键问题上下工夫，然后有逻辑、有条理地一步步一层层推进，一点点瓦解对方的心理防线，从而让对方心服口服地支持你。

战国时期，燕国一位名叫蔡泽的说客到了秦国。蔡泽学识非常广博，特别善于辩论。当时，他听说秦国的丞相范雎因为自己的亲信郑安平和王稽犯了重罪，忧心忡忡，还想要辞去丞相一职。于是，蔡泽决心到秦国来，用自己的睿智和辩才，向范雎游说。

蔡泽虽然没有什么钱，但他却大大方方地住进了咸阳的旅店，并对店主说："老板，你给我拿最好的酒、最好的菜来，等我当了丞相，一定会给你丰厚的报酬。"

店主问道："你是什么人？居然还敢做梦当丞相？"

蔡泽大声说道："我是天下最睿智、最懂雄辩的人，前来求见秦王。秦王见了我，一定会佩服我的才智，并且会取下范雎的相印挂在我的腰间。"

店主见他如此狂妄，就对他进行了一番冷嘲热讽，还把他的话当成笑话讲给旅客听。很快，蔡泽的话就传到了范雎的耳中。于是，范雎就命人把蔡泽找来。

当官差一到旅店，说要找蔡泽时，店主就忧心忡忡地对蔡泽说："你看，谁让你胡说八道，这下大祸临头了吧！"

蔡泽笑了笑说："这下我可以更快当上丞相啦！我一见到范雎，他一定会解下相印让给我，都不需要见秦王了。"店主听了这番话，只觉得蔡泽是脑子有问题，不免有些同情他，就说："你不需要给我食宿费了，快走吧，不要连累我。"

于是，蔡泽跟着官差去了范雎府上。

进到相府，他就看到范雎高坐堂上。范雎见到蔡泽，便厉声诘问他："想取代我做丞相的人是你吗？"

蔡泽站在一旁，从容地回答："正是在下。"

范雎又问："你是来向我游说，要夺掉我的爵位吗？"

蔡泽认真地说："唉，你已经到了应该退下的时候了。"

范雎有点生气地说："我自己不退，看谁能让我退下。"

蔡泽又说："人在年轻体壮、头脑灵活的时候，努力建功立业，利于天下，成为人人仰慕的大英雄，这是人之常情。可是，既然已经得志，且已经年老体衰，就应该安享晚年，让自己的业绩流传后世，这样做不是更为聪明吗？否则就像秦国的商鞅、越国的文种，他们都立下赫赫功绩，然而却不懂功成身退，最后遭受了悲惨的剐刑。难道你愿意做这样的人吗？"

听到此处，范雎心想：此人用利害关系，步步紧逼，自己若是说不愿意，就会落入他的圈套里。毕竟，范雎也是一个才智非凡的人。于是，他假意回答："有什么不愿意？商鞅为秦孝公制定了新法，让秦国国富民强，扩地千里；文种让越国由弱变强，还吞并了强大的吴国，为越王勾践报了仇。他们虽然都遭杀害，但功在当时，名传后代，我为什么不愿意做这样的人？"

范雎虽然嘴上强硬，但已经被蔡泽说中了要害，开始忐忑不安。

蔡泽接着说："作为一个贤良的臣子，谁不想有个圣明的君主呢？只有贤臣，没有明君，国家还是要灭亡。商鞅、文种不幸遇难，难道他们真的想用死来成就功名吗？大丈夫处世，身名俱全的是上等；名传下来，而身已死的，是次等；名声败坏，身还留世，就是下等。不知你要做哪一种人呢？"

范雎听了这段话，不觉走下来，并连声称赞："说得好，说得好！"

蔡泽又追问范雎："你说愿意做商鞅、文种，那么请问今天的秦国，在信任忠臣、厚待故旧方面，比起秦孝公又如何呢？"

范雎想了一会儿，不敢直说，只好含糊地回答："不知道。"

蔡泽又问："你想想自己的功绩，比起商鞅、文种又如何呢？"

范雎答道："不如他们。"

蔡泽说："秦王在亲信功臣方面不会超过秦孝公，而你的功绩也不高于商鞅，但你的俸禄却远远超过他们。他们尚且不能幸免，何况你呢？你今天的富贵已经到达了顶点，却依然贪恋富贵，不肯急流勇退，恐怕商鞅、文种那样的祸事迟早要发生在你身上。所谓'日中必移，月满必亏'。你何不在此时交出相印，推荐有才智的人担任呢？在名义上，你是让贤，留得名垂青史的美名，实际上却是卸去了重担，能够安享晚年，免除后患了。这又有什么不好呢？"

范雎觉得蔡泽说得句句在理，心生佩服。便说："先生自称才智过人，听了你的一番剖析，果然如此。如今，我还敢不从命？"

第二天，范雎就向秦王奏请："有位客人刚从山东过来，名叫蔡泽，此人是位奇才，足以掌管国家大事。臣见过的人很多，但没有能及得上他的，臣与之相比，不及其万一。所以，特地向大王推荐。"

在范雎的大力引荐下，秦王便封蔡泽为丞相了。

当我们抓住问题的关键所在之后，就可以像蔡泽那样，将对方引到自己的思路上来，然后，通过合情合理的推论、有理有据的证明，让对方衷心地表示赞同。

沟通的智慧

在与人沟通的时候，想要说服对方，不仅要口齿伶俐，思维敏捷，同时还要讲究说话的逻辑性。要用你的思维逻辑，引导对方的思路，把你的结论变成对方的结论，最后才能掌握主动，才能让对方对你的观点表示心服口服。

三、感同身受，现身说法效果更好

在与他人沟通交流的时候，最让人激动的就是遇到能理解你的人。试想一下，当你讲起对某件事情的看法时，如果有人站出来表示他有同样的感受，那种被认同、被肯定的感觉是不是很美妙？

因此，在我们想要说服他人的时候，如果能以一种感同身受的态度，引发对方的同理心，触动对方的感情，那么说服对方就会水到渠成。

林老师处事灵活，思维敏捷，在对学生的教育工作中很讲究方式方法，非常善于与学生沟通。

林老师的班里有一个男同学小鹏，聪明机灵，成绩在全班也是名列前茅。可是，最近一段时间小鹏成绩越来越差，一度成为班里的倒数几名。林老师对此特别疑惑，他很想搞清楚小鹏成绩倒退的原因。

后来，林老师特意去了小鹏家里。经过了解，他发现，原来是因为小鹏尿床的原因。每次早上起来，当父母看到被褥尿湿了，就会很恼火，这让正处在青春期的小鹏觉得很丢脸，在别人面前感觉抬不起头。于是，伴随着精神上的压力，小鹏的学习成绩也开始受到影响。

面对这个棘手的问题，林老师想要安慰小鹏，解除他的心理负担，可是又不知道如何才能在不伤害小鹏自尊心的情况下，让小鹏不要给自己过大的压力。

林老师思考了两天，还看了一些有关心理学方面的书籍，才决定要和小鹏正式谈谈。

一天，在放学后，林老师把小鹏叫到办公室，开始和他说话谈心，在讲了一些班里的事情后，林老师对小鹏说："听说你尿床，是吗？"

小鹏一听，脸"噌"的一下就红了，头也好像要垂到地面上一样。林老师把小鹏拉到身边，握着他的手说："其实，尿床没什么大不了的。我研究过，十几岁的少年里面，有相当一部分人都尿床，只不过是家长不声张罢了。"

小鹏依然低着头不说话，林老师继续说："老师也尿过床。"

"真的吗？"小鹏惊奇地问道。

"怎么不是真的，而且我一直到初中毕业呢。那时，我常在睡梦中，急着找厕所。结果，醒来就尿了一床。"

"其实……我也是这样。"小鹏好像找到了知音，羞怯之情一扫而光。

接着，师生二人就你一句我一句地开始讲起来，讲到好笑的地方，他们还会一起放声大笑。

聊着聊着，小鹏问道："后来您是怎么不尿床了？"

林老师假装回忆道："我啊，16岁自然就不尿床了。"

小鹏开心地说："我今年14岁，再过两年，我也会好吧。"

林老师肯定地说："那当然了，尿床不是病，只是到了这个发育的年纪才会有这种情况，等过了这段时间自然会好了。你不用担心。"

当他们谈完话走出办公室的时候，小鹏的情绪已经轻松了许多。

后来，在林老师和家长的配合下，小鹏终于放下思想包袱，摆脱了困境，学习成绩也恢复到往日的样子。

感同身受的经历，可以瞬间拉近两个人的距离，让沟通变得更自然、更顺利。只有当沟通不再有隔阂，当双方敞开心扉交流时，你说的话才更有说服力。所以，如果你想走进对方的内心，快速有效地完成说服工作，就要现身说法，感同身受地表达你的感情。

沟通的智慧

许多人无法很好地说服他人，就是因为没有仔细观察和研究被说服的对象，没有想好以何种角度、何种谈话方式和谈话内容来进行说服，最后导致劝说无果。其实，只要掌握好他人的心理，通过感同身受的劝说就能起到很好的说服效果。

四、别急着否定，试着配合对方的步调

在说服他人的时候，最难避免的就是对方一直说"不"。那么，要如何才能把"不"变成"好"呢？比如：在与人沟通时，要试着和对方保持一致的步调。先从他认同的地方开始，然后慢慢地把他引到主题上来，最后通过机智巧妙的讲解，从而获得对方的信任，并得到自己想要的答案。

西屋公司推销员艾利逊负责的推销区域，住着一个有钱的大企业家史密斯先生。公司很想卖给史密斯先生一批货物，而过去那位推销员几乎花了10年时间，却始终没有谈成一笔交易。

艾利逊接管这一地区后，花了3年时间，才劝说对方买了几台发动机。艾利逊想如果这次买卖成功，发动机没有问题，以后就可以向史密斯先生推销更多的发动机。

可是，艾利逊似乎高兴得有些早。一次，史密斯先生见到他说："艾利逊，我们不会再买你的发动机了。"

艾利逊为之一惊，连忙问道："为什么？"

史密斯先生说："你们的发动机太热，我不能将手放在上面。"

艾利逊知道此时和对方争辩，不会有任何结果，过去这种情况就常常发生。所以，他必须让史密斯自己说出"是"。

于是，艾利逊对史密斯先生说："你所说的我完全同意。如果那发动机

发热过高，我希望你就别买了。你当然不希望它的温度超出电工协会所定的标准，是不是？"

艾利逊获得了第一个"是"。

艾利逊接着说："电工协会规定，一台标准的发动机可以较室内温度高出华氏72度，是不是？"

史密斯先生说："是的。可是，你的发动机却比这温度高。"

艾利逊没有和他争论，只是说："工厂温度是多少？"

史密斯先生想了想说："大约华氏75度左右。"

艾利逊说："这就对了，工厂温度75度，再加上72度，一共是147度，如果你把手放进147度的热水里，是不是会把手烫伤呢？"

史密斯先生回答："是啊。"

艾利逊接着说："史密斯先生，你不要用手碰那台发动机，那不就行了吗？"

最后，史密斯接受了艾利逊的建议。他们谈了一会儿之后，史密斯把秘书叫来，又向艾利逊订了三万美元的货物。

想要说服他人本来就不是一件简单的事情，尤其是对方明确提出相反意见的时候。而想要扭转局面似乎更是难上加难。所以，当被人拒绝的时候，别急着解释，别让对方有对你再次说"不"的机会。试着从对方的角度出发，顺着他的观点，配合他的步调，先得到他的"是"，然后逐渐把自己的观点传达给他，这样对方接受你的劝说，显然就要容易多了。

詹姆斯是一位经验丰富的银行出纳员。有一天，他遇到一位想要开户头却拒绝填写个人信息的顾客。

一般来说，出纳员会再三强调向银行提供一份完整个人资料的重要性，他们会用专业的术语一再解释。此时，顾客很可能会扫兴地拂袖而去。

可是，詹姆斯却没有这么做，他诚恳地对顾客说："是的，先生，我想这些资料也并不是必须填写的。"此时，顾客露出了笑容。

"但是，先生，不礼貌地说，如果您遇到什么意外的话，您是否愿意由我们银行把钱转给您所指定的亲人呢？"

"那是当然了。"顾客很快回答。

"那么，您是不是要把这位亲人的姓名告诉我们，以免我们到时候按照您意思处理问题时出现什么错误呢？"

"是的。"顾客的态度缓和下来，因为他理解了银行要求填写这些资料的原因是为了保障自己的利益。于是，他心甘情愿地填下了所有资料。不仅如此，他还在出纳员的建议下，为自己的母亲开了一个信托账户。当然，这位顾客也心甘情愿地填写了有关他母亲的所有资料。

在生活中，我们说服他人时都喜欢表述我们的观点和意见。可事实上，对方并不关心你怎么想。所以，当面对拒绝的时候，别试图用你的理解来劝说对方。如果你试着向对方表示认可，试着从他的角度看问题，试着配合他的步调走，也许就会收获不一样的结果。

沟通的智慧

聪明的说服者，就要对对方所重视的事物表示赞同，这样就很容易得到对方的好感。相反，如果对方觉得无所谓的事情，你却一再强调它的重要性，只会让对方感到厌烦。也就是说，想要成功说服他人，就必须了解对方所看重的事情是什么，对方希望你表示认同的事情是什么。只有做到这些，才能让对方心悦诚服。

五、循序渐进，引导对方得出结论

每个人都有逆反心理，都不喜欢被别人指手画脚。所以，当我们试图说服他人的时候，可以试试一步步引导对方，让对方向着你希望的方向思考，得出你所期待的结论。这种循序渐进、步步为营的说服，不仅能凸显你棋高一筹的说服力，还能让对方对最后的结论更加深信不疑。

孟子被称为"亚圣"，他的辩论技巧也是高人一筹的。在他与齐宣王的一段对话中，更是体现了其圣人的辩论风采。

当齐宣王要求孟子讲述齐桓公和晋文公称霸诸侯的事情时，他却说孔子的弟子没有记述过这些事情，所以也就没有流传下来。

这样很自然地就搪塞了过去，同时迅速将话题转移到王道上来，将说话的主动权抢先掌握在自己的手中。

当齐宣王问孟子："当一个人的品德达到了什么严格程度，才可以称王？"

他简洁、干脆地回答："保民而王，莫之能御也。"孟子很清楚这次谈话的中心，他也让齐宣王有了和他进一步谈话的兴致。

齐宣王马上就又问道："若寡人者，可以保民乎？"此时，孟子只用了一个字"可"来回答，这又进一步引发了齐宣王对王道的兴致。

当齐宣王问："何由知吾可也？"

孟子很清楚齐宣王的心理，充分地考虑了作为高高在上的君王的一种个性，所以他通过齐宣王不忍杀牛，以羊代替的这件事来夸赞齐宣王具有仁爱之心，让对方马上高兴起来。此时，齐宣王已经认为他和孟子有共同的语言，而孟子的话也在他的心里掀起了波澜。所以，就主动地询问不忍之心与王道两者的关系。

可是孟子没有就此直接作出回答，他只是机智地暂时转移话题，讲述了"不能"和"不为"两者之间的关系。

孟子并没有使用空洞的说教，只是运用比喻，将齐宣王未能推恩给百姓比作力足举百钧而不能举一羽，明察秋毫之后却未见舆薪，从而让对方不得不承认自己不是"不能"而是"不为"。

当齐宣王想要彻底搞清楚"不能"和"不为"到底有什么样的区别时，孟子再次运用了比喻，将"挟泰山以超北海"比作"不能"，将不能"为长者折枝"比作"不为"。

语言很简单，但是意思很清楚。接着，孟子顺利地劝导齐宣王推恩于天下，并让他好好思考一下，认真地想想自己为什么不能够做到。

到此时，齐宣王已经明白不忍之心和王道两者之间的关系，他也应该知道"不忍之心"也是推行王道一个很重要的条件。

当齐宣王还在继续思索时，孟子又一次转移了话题，他询问齐宣王："难道大兴战争，危害士臣，在诸侯间结怨就是为了能够满足心里快活吗？"这番话就是逼迫齐宣王说出他并不是为了内心的快活，而是为了寻求自己想要的东西。

孟子继续追问："大欲是什么？"

当齐宣王笑而不语的时候，孟子就用排比句式进行了一连串的发问。当齐宣王全部否认之后，孟子就一针见血地说明他的"大欲"——称霸中原、称霸天下，让其他诸侯国俯首称臣。

之后，孟子运用一个比喻，把此举比作缘木求鱼，忠告齐宣王这样的野心是很难实现的，而且后果也是极其严重的。

齐宣王听了之后，内心感到慌张，急问究竟会有什么样的恶果产生。

孟子运用类比的手法，举出了邹与楚交战的例子向齐宣王来阐明后果，并劝导他推行王道，还向他展示了一幅美丽的画面：到那时，天下贤士都归于您，耕者、商贾、旅行者都来靠近您，其他国的百姓都很憎恨自己的君王，并到您这里来控诉他们君王的罪过。这些话语，让齐宣王听起来个更是感觉美妙无比。

此时，齐宣王心悦诚服，主动请求孟子告诉自己如何推行王道。

于是，孟子心里怀揣着一颗对百姓赤忱的心，向齐宣王提出了一些治民之心和认真推行学校教育的举措，并且向齐宣王讲述孝悌之义，且再次为其描绘了一幅美丽的画卷：天下太平，百姓衣食无忧，讲求礼仪。

最终，孟子通过自己的智慧与辩才，循循善诱地引导齐宣王，让他心甘情愿地推行王道。

任何人对于不同的事情，都会有不同的看法与观点。在与人沟通，说服他人的时候，想要对方放弃自己的观点并不是一件容易的事情。所以，我们何不引导对方，让他自行对你的观点表示赞同呢？其实，善于引导，让对方一步步向你的目标靠近，最后得出你想要传达给他的观点，往往比直接的劝服更有效。

沟通的智慧

进行有效说服的一个较好的策略是采取迂回战术，不从正面入手。直接说服容易让对方产生抵抗心理。所以，在与他人进行沟通交流时，不妨从侧面打开缺口，循序渐进，最终将道理说明白，并引人思索，让对方认为你说得对。

六、声东击西，隐藏真实意图

说服他人，讲究的是智慧，而最能凸显智慧的说服方式，莫过于声东击西，隐藏自己真实的意图。在与他人沟通中，当我们直截了当地告诉对方意图时，就像打牌直接将底牌亮给对方一样，就会失去谈判博弈的筹码。

相反，如果我们通过转移对方注意力，让对方产生错觉，或许可以轻松实现既定目标，成功达成说服的目的。

张仪因到楚国游说，便住了一些日子。接着，他想继续北上，到其他国家游说。可是，此时，他身上的盘缠已经用光。如果他对楚王说实话，就很难会获得资助。于是，他想到了一个声东击西的妙招。

张仪拜见楚王时说："大王，我是来告辞的。楚国的这段日子，承蒙大王盛情款待，张仪决定要回报您。此次离开，我会去北方各国为大王收罗各种宝物。"说到这里，张仪停了下来。

其实，楚王心里一直都对张仪不甚满意，认为他就是个混饭吃的。所以，一听到张仪要离开，心里不知道多畅快，但是在礼节上他还是要应酬一下。于是，楚王就对张仪说："先生这就要走了？消息来得太突然，不然，我一定安排盛宴为你饯行。现在就要动身吗？其实，也不用太着急……"

张仪回答道："是啊，这么长时间承蒙大王照顾，无以为报，只愿为大王觅得宝物。"

楚王很是得意地表示:"宝物?先生客气了。我们楚国虽然称不上泱泱大国,但诸多奇珍异宝还是不缺的,先生的好意我心领了。"

"楚国大国,大王仁君,令张仪肃然起敬。然而张仪也是知恩图报之人,如若不能报答大王,叫张仪于心何安呢?张仪目睹北方女子贤良淑德,不知大王是否……"

"果然如此?楚地偏远,实有必要见识北方女子的闺秀风范……"

"张仪所言句句属实,我曾经途经郑国和周国,所见女子俊秀美丽、端庄有礼。"

"那好,本王正需要领略这类女子的风采。此次先生离开楚国,但愿不要食言。"

"张仪岂敢。"

"传令下去,此次张仪先生前往北方诸国,所需费用,皆由国库承担。"

就这样,张仪如愿得到了上路的盘缠,但是,他却不能就此离开楚国。不然,他的游说生涯就会因为这次骗盘缠而就此断送。所以,张仪早有妙计。

楚王有个宠妃叫郑袖。这位妃子容貌俏丽,很得楚王欢心。除此之外,楚王还有个王后名叫南后。这两人都深得楚王宠爱,也正因如此,这二人都怕楚王移情别恋喜欢上其他女子。所以,当她们知道张仪要北上"选美"之后,就立刻派人去劝说张仪。

"据传先生近期要北上各国,担负大王托付的特殊使命。我家王后闻听此事,心有所忧,深怕大王因个人私事耽误国家大事,所以希望先生还要发挥您的游说本领,让大王收回成命,一心一意处理楚国国事。我家王后说,先生此去北方各国,想必会有诸多个人事务需打理,因此特为先生准备了一千两黄金,希望先生不要推辞。"南后派来的使者对张仪说了这番话。之后,郑袖的使者也带着五百两黄金交给张仪,并且表达了同样的意思。

张仪窃喜，把黄金收藏妥当，第二天就再次求见楚王。

"大王，今日据闻各国关卡严加防范，对于出入境者均增设了许多限制，我此次与大王作别，真不知何时才能返回。所以，恳请大王能否赐我一杯酒饯行。好让我早日上路，以尽早完成大王交托的使命。"

楚王大笑："先生果然是性情中人，我这就吩咐下人准备酒席，为先生饯行。"

在酒宴上，张仪与楚王面对面坐着，把酒言欢。

张仪看到楚王酒兴越发浓厚，心知时机已到。于是，他装作有感而发的样子："大王，今日一别，不知何时相会，为使此次饯行长存我心，张仪斗胆提议大王能否邀请您最爱的人共享盛宴呢？"

此时已经喝醉的楚王，听了张仪的话，当场就命人召唤了南后和郑袖一道前来参加宴席。

待南后和郑袖落座之后，张仪惊慌地起身向楚王"请罪"："张仪实在见识鄙陋，前日还夸口为楚王觅寻端庄女子，今天一睹大王两位夫人的风采，才知道什么叫作风华绝代。我这次答应大王的任务恐无法完成了。因为比起大王身边这两位美人，北方女子简直太过寻常了。请大王宽恕我不能完成使命。"

此时，已经有些清醒的楚王只得顺水推舟："先生，其实所谓任务，不过是本王开的一个玩笑。我早就知道天下女子不会有人赶上她们二人的风采，你不必当真，本王恕你无罪。"

接下来，宴席上的四个人就在欢声笑语中结束了这场盛宴。

当我们想让他人按照自己的想法行事的时候，直截了当是一种最简单的方式。但是，这种方式很可能被拒绝。所以，我们要更为巧妙地选择声东击西的方式，引导对方帮助我们达成目标。而声东击西的关键就是要隐藏自己的真实意图，不能让对方知道你想要什么，从而出其不意地收获自己想要的。

沟通的智慧

声东击西就是说服者在说服议题进行不下去时，既不强攻硬战，也不终止说服，而是巧妙地将议题转移到无关紧要的事情上且纠缠不休，或在不成问题的问题上大做文章，迷惑对方，使对方顾此失彼。这种说服策略的特点是富有变化，灵活机动，能够避开对方的锋芒，且不破坏说服的和谐气氛，从而在对方毫无警觉的情况下实现预期的说服目标。

> 下篇
> 沟通，那些你必须掌握的关键

第十三章
如何与人谈判——或藏或露，或直或曲

一、一动不如一静，耐心等待机会

在谈判过程中，有时候需要我们争分夺秒地快速出击，有时候则需要我们运用拖延战术。当我们以静制动、以慢打快的时候，既可以避免暴露破绽，同时还能观察对方的一举一动。

因此，很多谈判人员会在谈判中选择这一策略。一般情况，不同的拖延方式，可以达到不同的目的，接下来就为大家介绍几种常见的拖延方式：

1. 消磨意志

人的意志力就像一块钢板，当受到重压时，最初还可以保持原状。但时间久了，就会慢慢弯曲变形。拖延战术就是对谈判者意志力的施压。当你突然中止，不再做出反应时，对方往往会显得不知所措。

20世纪80年代末，硅谷一家电子公司研制出一种新型集成电路，其产品的先进性暂时不被大众所理解。就在此时，这家公司的债务问题越发严重，甚至面临破产风险。所以，这种集成电路能否被认可就成了公司成败的关键。幸运的是，欧洲一家公司慧眼识珠，派三名代表飞了几千英里来洽谈转让事宜。诚意看起来不小，但对方报出的价格却只有研发费用的2/3。

电子公司代表站起来说："先生们，今天到这里就可以了。"

这场从开始到最后只持续了三分钟的会谈就这样结束了。到了下午，欧洲人要求重新谈判，态度明显好了很多。于是，电子公司以一个比较合理的价格进行了转让。

在谈判中向对方施压，有两个关键点：一是压力要强到让对方知道你的决心不会动摇；二是压力不要超过对方的承受能力。电子公司在向对方施压时候，就很好地掌握了这两个要点。他们知道欧洲人飞了几千英里来谈判，决不会只因为这三分钟就打道回府。所以，这三分钟的会谈，看似打破常规，却是让对方丢掉幻想的最佳方法。

2. 清除障碍

一般来说，当谈判无法顺利进行下去时，就是"障碍"出现的时候。此时，我们可以试着放慢谈判节奏，先把问题解决，把阻碍处理掉。值得注意的是，谈判中的"阻碍"往往都是隐性的，我们需要在对方的言辞中去识破问题，而这就要求我们放慢速度，从容地处理这种局面。

美国著名谈判专家D. 柯尔比曾讲过这样一个案例：

柯尔比与S公司的谈判已接近尾声。然而此时对方的态度却强硬起来，对已谈好的协议横加挑剔，提出一系列不合理的要求。柯尔比感到非常困惑，因为对方代表并不是那种蛮不讲理的人，而协议对双方肯定是都有利的，在这种情况下，S公司为什么还要阻挠签约呢？柯尔比理智地建议谈判延期。之后，他从各方面收集信息，终于知道了关键所在：对方认为柯尔比占的便宜比自己多。所以，虽然所谈价格他们可以接受，但心里却有些愤愤不平，从而导致了协议的搁浅。

当谈判再次开启时，柯尔比经过一番比较算价，让对方知道双方利润大致相同，消除了对方心理上的不平衡。最后，经过一个小时的谈判双方签了合同。

在谈判中，总会出现各种各样的阻碍，面对这些阻碍，拖延战术是最有效的。不过，需要指出的是，此时的"拖"不是消极被动的，而是通过"拖"

得到时间来收集信息、分析问题，最终解决问题。

3. 赢得好感

谈判是一个争论的过程，在这一过程中会出现很强的对抗。但是，无论双方怎么争斗，最终还是要达成共识。所以，优秀的谈判者会在这个过程中，尽力争取赢得对方的好感和尊重。

在一次谈判中，两家公司的谈判代表刚刚落座，相互寒暄之后，其中一方的代表便客客气气地说："今天先休息休息，不谈了吧，我们这里的风景名胜值得一看。"

在谈判进入胶着状态的时候，这位代表又客气地说："不谈了，今天吃饭我请客。"于是，就在良好融洽的气氛中，在觥筹交错间，僵局被打破，双方达成一致，谈判顺利完成了。而这位谈判代表的感情投入，赢得好感的方式，帮他谈成许多业务。

4. 等待时机

拖延战术还有一种方式，就是拖延时间，通过拖延时间，等待法规、行情、汇率等情况变得更有利于自己，从而掌握主动权，让对方做出让步。通常来讲，拖延时间可分为两种：

一是拖延谈判时间，稳住对方。例如，1986年，香港一个客户与东北某省外贸公司洽谈毛皮生意，条件优惠却久久没有达成合作。转眼过去了两个多月，原来一直兴旺的国际毛皮市场货满为患，价格暴跌，这时港商再以很低的价格收购，使这家贸易公司吃了大亏。

二是在谈判议程中留下漏洞，拖延交货（款）时间。例如，1920年，武昌某一纱厂建厂时，向英国安利洋行订购纱机二万锭，价值二十万英镑。当时英镑与白银的兑换比例为1∶2.5，二十万英镑仅值白银五十万两，英商见银贵金贱，就借故拖延不交货。到1921年年底，世界金融市场行情骤变，英镑与白银兑换比例暴涨为1∶7。这时英商就趁机催纱厂结汇收货，五十万两白银的行价，一下子成了一百四十万两，使这个厂蒙受了巨大的损失。

在谈判过程中，要防止恶意拖延，就需要注意以下几点问题：

第一，要充分了解对方的信誉、实力，乃至实施谈判者的惯用手法和以往伎俩。

第二，充分掌握有关法规、市场、金融情况的现状和动向。

第三，要预留一手，作为反要挟的手段。如要求金本位制结汇、要求信誉担保、要求预付定金等。

沟通的智慧

谈判不是"你赢我输"或"你输我赢"，谈判双方都要树立双赢的概念。一场谈判的结局应该使谈判的双方都要有"赢"的感觉。采取什么样的谈判手段、谈判方法和谈判原则来达到谈判的结局对谈判双方都有利，这是商务谈判的实质追求。因此，面对谈判双方的利益冲突，谈判者应重视并设法找出双方实质利益之所在，并在此基础上应用一些双方都认可的方法，来寻求最大利益的实现。

二、抓住时机，尽快打破僵局

在谈判过程中，会涉及到双方利益的博弈，而在这种对抗中，如果彼此互不相让，最后就会让谈判陷入僵局。一旦谈判陷入僵局，不仅会影响谈判的效率，同时还可能挫伤谈判人员的自信心。

因此，在谈判过程中，一方面我们要尽力避免陷入僵局；另一方面当谈判已经处在僵局时，我们就要抓住机会，尽快打破僵局。

IMG公司在创业之初，业务局面才开始打开。一天，公司总经理麦克终于与一直想要拜见的全美知名席梦思床垫公司总裁格兰特·席梦思以及几位副总裁见面，向他们推销IMG公司的服务，希望可以为这家床垫公司生产配套产品。

一开始，整个会谈进行得十分顺利，只是对方好像一直没有被说服一定要合作。在这种看似融洽友好的气氛中，业务谈判却毫无进展，而且对方也不打算尽快给出答复。面对这种僵局，麦克决定向格兰特·席梦思先生提出自己的想法：

"刚才非常荣幸向各位介绍了本公司能为贵公司提供的配套服务，对于双方今后的合作计划与前景，目前也得到了各位的一致认可。可以说，这项合作计划对我们双方都将是有利可图的。但是，一旦我们离开这个房间，这项业务或许就会被贵公司暂时放在一边，因为贵公司的业务实在是太多了，而我们公司为此付出了四个月的时间。既然我们都认为这是一个可行的合作项目，为什么不趁格兰特先生和几位副总在场就把合作协议签下来，为我们的初次合作画上一个圆满的句号呢！"

最后，麦克收获了一个让他满意的结果。格兰特·席梦思从座位上站了起来，握住麦克的手说："好。"在麦克直奔主题之后，合作协议就这样签订了。

在轻松愉快的气氛中，谈判看起来进行得很顺利，可是却始终无法得到一个准确的答复。在这种情况下，谈判已经陷入了僵局，最好的办法就是直奔主题，直截了当地把问题摆出来，然后把问题解决掉。

直面问题，不拖泥带水，或许可以把你从谈判的僵局中解脱出来。不过，你可能并不能因为直接而获得你想要的结果。所以，在谈判中，你还可以运用奇妙智慧的谈话方式，打破僵局。就比如下面的这个故事：

第二次世界大战期间，武器短缺，英国首相丘吉尔来到华盛顿会晤罗斯福，请求军需物资方面的帮助。

会谈在第二天进行。

次日凌晨，丘吉尔正躺在浴盆里，抽着特大号雪茄，做沉思状。没想到，罗斯福突然推门进来，而丘吉尔的大肚子还露在水面外。

两人相视都不禁一愣。丘吉尔微微一笑，说道："总统先生，英国首相在你面前可真是没有半点隐瞒了！"说罢，两人都不约而同地笑了起来。

丘吉尔一席话立即缓和了当时的紧张形势，促成友好和谐的气氛，无形中缩短了双方的心理距离，减弱了对立感。

在社会生活中，类似出奇制胜的例子还有很多，它们全都在意志、情感的接轨点上灵机启动，从而在笑语中成功地破解谈判僵局，达到说服人、征服人、感染人的目的。

通过转移话题打破僵局的方式，虽然会让谈判绕一些圈子，但最终能帮助你达到目的。此外，转移话题的方式，不仅可以调节气氛，还能扫除障碍。

其实，当话题转移的时候，最需要的就是把握语言的技巧。只有话题转移得好，才能更有效地解决问题。而话题转移得不好，虽然能缓解气氛，但对大局并无益处。因此，转移话题必须视情况和对象而定。

沟通的智慧

在谈判中，有时候谈判内容牵扯甚广，不只是单纯的一项或两项。当谈判内容包含多项主题时，可能某些项目谈出结果，还有某些项目始终无法达成协议。这时候，你就可以引导对方，抓住时机，让对方知道你的诚意，并试图打破僵局。

三、迂回突击，打乱对方逻辑

在谈判之初，双方都有自己想要达成的目标。在谈判过程中，双方也都会想法设法地去实现目标。此时，如果一方能避开对方的心理预期，从一个不同的角度突击，打乱对方原有的思维逻辑，然后再迂回地用自己的逻辑去影响对方，或许就能让对方做出妥协，从而实现自己的目标。

广东一家玻璃厂常常率团与美国欧文斯公司就引进先进浮法玻璃生产线一事进行谈判。双方在部分引进还是全部引进的问题上陷入了僵持。

广东玻璃厂部分引进的方案，欧文斯公司表示无法接受。

"全世界都知道，欧文斯公司的技术是第一流的，设备是第一流的，产品也是第一流的。"广东玻璃厂首席代表转换了话题，先来三个"第一流"，诚意十足地称赞了对方，如此出其不意，立刻让对方因为谈判陷入僵局而产生的沮丧情绪得到缓解。

"如果欧文斯公司能够帮助广东玻璃厂跃居全国第一流，那么全中国人民都会感谢你们。"说到此处，刚刚被转移的话题，似乎又转了回来。但因为前面说的话已经消除了对方心理上的对抗，所以，对方听到这些话时，也觉得顺耳多了。

"美国方面当然知道，现在，意大利、荷兰等国家的代表团，正在我国北方省份的玻璃厂进行引进生产线的谈判。如果我们这个谈判团因一点点小事而以失败告终，那么，不仅会对我们玻璃厂产生影响，同时也会让欧文斯公司蒙受巨大损失。这损失不仅是生意上的，同时也是声誉上的。"此时，广东玻璃厂代表没有直接提到谈判中最敏感的问题，也没有指责对方缺乏诚意，只是用了"一点点小事"来轻描淡写，目的是冲淡对方对分歧的过分关注。同时，指出万一谈判破裂将会对美方造成巨大损失。这一点，对方无论如何是不会拒绝的。

"目前，我们因资金有困难，不能全部引进，这点务必请你们谅解，也希望你们也可以伸出援助之手，为我们将来的合作奠定一个良好的基础。"这段话中明确表示，我们已经拿对方当作朋友，现在不是做什么买卖，而是朋友之间的相互帮助，既通情，又达理。

经过广东玻璃厂代表的迂回突击，美方最终做出妥协，合同也顺利签订了。

在谈判中，双方都会尽力坚持己见，而想要在谈判中胜出，不仅要想方设法守住自己的底线，还要学会如何突破对方的防线。迂回的战术，通过有理有据的言辞，加上出其不意的突击，就能打对方一个措手不及。然后在对方偏离原本逻辑的情况下，乘胜追击，最终取得胜利的机会就更大了。

沟通的智慧

我们在采用迂回突击的策略时，在语言表达上一定要充满自信。当谈判双方在某个问题上争论不休时，谁更有自信，谁更讲究技巧，谁获胜的可能性就越大。

四、紧要关头，给对方一点"甜头"

在谈判的过程中，当对方因为苛刻的条件而感到压力、失望的时候，此时再逐步地给出优惠或者让步，对方就会更容易接受，从而顺利签订合同。众所周知，当我们辛苦得到一件东西时，就会倍加珍惜。所以，在谈判的时候，开始阶段一定要咬紧牙关，寸步不让，到最后再给对方一点甜头，此时，对方才会对收获格外珍惜，才能心满意足地与你携手合作。

在实施这种谈判策略时，一定要把握好谈判初期的态度。简单来说，就是在开始阶段要拿出坚决的态度，锱铢必较、丝毫不让，这个阶段越是斤斤计较，越能显示出在最后阶段给出让步的难能可贵。

比如，买方想卖方在价格上多给一些优惠，但同时也估计到如果自己不增加购买数量，卖方很难接受他的要求。于是，买方在价格、质量、包装、运输条件、交货期限、支付形式等一系列条件上都提出了非常严苛的要求，这就是先给卖方制造一些障碍。具体事例如下：

甲方："如果付现金的话，可以减少多少钱？"

乙方："分期付款要付利息，现金的话就不用……"

甲方："这话怎么讲的，毕竟还是付现金更方便啊。你说是不是这个道理？"

乙方："是的，付现金只能减价一万元。"

甲方："什么？只减这么少啊！那跟分期付款没有什么不一样啊。"

乙方："不是啊，因为一万元之外要有两万元的利息，总计相差三万元。"

甲方："我是用现金支付，可以再少一点吧。我觉得可以再减五千元。"

乙方："我看还是不要再还价了。减一万元已经不少了。"

甲方："别这么说啊，我可是用现金付款。减一万五千元怎么样？你可以回公司和老板商量一下的。"

乙方："这个不太容易……"

甲方："唉，我看我是没办法得到什么利益了。所以，痛快点，就取个中间数目一万二千五百元吧。"

乙方："好吧，那就这么定了。"

在商务沟通中，讨价还价是要讲究技巧的。比如，买方应该尽量让卖方觉得在绝大多数交易项目中，买方已经做出了巨大的让步。此时，卖方看到买方足够大方的表现，在比较满意的情况下，一般会同意买方在价格上多打些折扣的要求。之所以会有这种结果，完全是因为卖方觉得在作出让步之前，已经在对方那里得到了不少收获。

与他人谈判的时候，无论遇到哪种情况，首先要明确"和则两利，分则两伤"的观点。谈判中要以双方利益为着眼点切入谈判，只有这样，才有助于双方的共赢。所以，在关键时刻给对方甜头时，要注意一开始的条件不能让对方感到毫无谈判余地，因为这样会让对方觉得你缺乏谈判的诚意。

沟通的智慧

谈判的根本目的在于找出自己和对方的共同利益，如果无利可图的话，对方自然无意参与。同样，如果你看不到什么好处，你也就不会与这样的对象合作。人们相互交往的原则从本质上来说，就是公平的相互妥协，如果能看透这一点，谈判就可以进退自如了。可是，大部分人事到临头却往往忘记了这点，只顾着追求自己的利益，从而忽略了对方。

五、实施刺激，给对方一点动力

当谈判双方地位平等的时候，彼此之间就会相互尊重，谈判气氛也会较为平和稳定。但是，在谈判中，当一方占有明显优势，另一方处于劣势时，优势方很可能会出现态度冷淡、情绪消极的表现。此时，处于劣势的一方，最佳的应对策略就是给对方一点刺激，让对方更有动力积极参与到谈判中来。

三国时期，为了联吴抗曹，说服周瑜与曹操决一死战，诸葛亮只身前往江东与周瑜进行谈判。当鲁肃领着诸葛亮来见周瑜时，周瑜出中门来迎接。两人相互行完礼，分宾主落座。

鲁肃先问周瑜："现在曹操带领大批人马南下攻击我们，投降还是决战，主公决定不了，全凭都督一人决策。都督有何打算？"

周瑜说："曹操以天子的名义出兵，不可抗拒，而且他的势力庞大，不可轻敌。如果和曹操决战，必定不是对手。如果投降，则可以得到安宁。我已经下定决心了，明天见了主公，我会将想法回禀，然后派使臣请降。"

由于诸葛亮的到来，周瑜故意说向曹操投降的反语，一来可以探诸葛亮的虚实，二来也想使孔明主动求助于自己，以便在谈判中居于主动地位。

周瑜说完之后，鲁肃急忙反驳周瑜不该投降，诸葛亮在一旁冷笑不已，周瑜问："先生为何冷笑？"

诸葛亮说:"我不是笑别人,而是笑子敬不识时务。"接着,诸葛亮针对周瑜的降曹反语,将计就计,刺激周瑜。

诸葛亮继续说:"曹操非常善于用兵,天下没有人敢同他抗衡。以前只有吕布、袁绍等几人敢和他对抗,现在这些人都被曹操灭掉了,天底下再也没有人敢和他对抗了。如今只有我家主公刘备不识时务,勉强与曹操相争,现在孤身一人在江夏,不知道什么时候遭到灭亡的灾难。都督决定投降曹操,至少能够保证妻子和孩子,可以继续得到荣华富贵,只是吴国首都从此属于别人,这是天命使然,没有什么可惜的!"诸葛亮的这番话,明枪暗箭,直刺周瑜。第一,周瑜年轻气盛,充满英雄情怀,而诸葛亮竟然说他不善用兵,懦弱无能,不敢抵抗曹兵;第二,诸葛亮指出周瑜决计降曹目的是想保全妻子儿女,换来荣华富贵,一心为着自己,全然不顾全大局。

诸葛亮又说:"我看不如派个使臣,将二人送到江上曹操的大营,曹操得到这二人,就可以带着他的大军回北方去了,东吴再也不必遭受灭顶之灾了。"

究竟是哪两个人可以抵得上几十万兵将和吴国的帅印呢?诸葛亮偏偏不说明是谁,等着周瑜来问自己。

果然,周瑜按捺不住好奇心,问诸葛亮:"请问先生,到底是哪两个人,能有如此能耐?"

诸葛亮说:"江东去了这两个人,就像大树丢掉一片树叶、粮仓里丢了一颗谷粒,不会有什么损失。而曹操得到这两个人,则必然大喜而去。"他不说明究竟是哪两个人,只将两个人看得对江东无关紧要,此举正是为了让周瑜再次问自己,为刺激周瑜造声势。

周瑜果然又问："这两个人究竟是谁？烦请先生相告。"周瑜连连发问，将诱使诸葛亮前来求助自己的打算搁置一旁，渐渐地陷入被动地位。

诸葛亮回答说："我在隆中时，听说曹操在漳河新建造了一座台子，名叫铜雀台，非常壮观华丽，广选天下美女到铜雀台中。曹操本是好色之徒，早就听说江东乔玄有两个女儿，姐姐名叫大乔，妹妹名叫小乔，这二人均有沉鱼落雁之容，闭月羞花之貌。曹操曾经发过誓言，说他有两个愿望：一是平定四海，君临天下；二是得到二乔，请到铜雀台，好在晚年享乐，虽死无憾。曹操南下江南，其实，真正的目的就是二乔。江东现在如果将二乔送给曹操，不就可以避免被曹操百万大军击溃的命运吗？"

周瑜大怒道："先生有所不知，大乔是孙策将军之妻，小乔业已下嫁了公瑾，曹贼欺我太甚！我东吴必将与老贼势不两立！"

就这样，诸葛亮利用激将的方法，成功刺激到周瑜，让他心甘情愿地同意共同抵抗曹操的提议。

在赤壁之战中，诸葛亮所代表的刘备一方实力最弱，而周瑜代表的孙吴一方实力则较强。在谈判中，周瑜一直以傲慢的态度面对诸葛亮。而诸葛亮则表现得不卑不亢，通过巧妙的激将法，最终在谈判中与孙吴达成联合抗曹的协议。

在谈判中遇到傲慢无礼的对手时，不要和他讲理，而是要给他一点刺激，让他更主动地参与到谈判中来，从而达成目的。

沟通的智慧

谈判中，使用激将法，其效果如何全在于心理刺激的"度"掌握得怎样。

有的"稍许加热"即可，有的则要"火上浇油"；有的只要"点到即止"，有的却要"穷追猛打"；有的可以"藏而不露"，有的则需"痛快淋漓"。当然，具体的实施能否取得最佳谈判效果，这就需要谈判者根据不同的情况而定了。

六、创造良好环境，在友好气氛中谈事

当我们为了达成某种目的，需要与他人达成某项共识或者某种协议的时候，就需要去谈判。无论是在日常生活中，还是在工作中，我们都要经历这一过程。可以说，谈判对每个人来说都是无处不在的。

一般情况下，我们会按照谈判的内容和性质将其分为：生活性谈判、公务谈判和外交谈判三种。无论是哪一种谈判，它们都有一个共同点，那就是为了各自的利益而和对方达成一致，简单来讲就是双方要实现互惠互利。也可以说，谈判是对抗与合作的统一体。一方面，双方为了最大限度地满足自己的目标，必然要与对方存在利害冲突，需要据理力争，在原则上寸步不让，因而双方存在着对抗性；另一方面，参加谈判的双方，为了达成一个共同的协议，又必须采取一定程度的合作。

因此，谈判时我们既要据理力争，又要向对方表示应该有的礼貌与尊重，在友好的气氛中商讨问题，最后才能达成双方满意的结果。相反，如果一方缺乏诚意，在谈判中无理取闹，肆意妄为，最后谈判将不欢而散，有时还会造成严重的后果。

曾经有一段时间，美苏两国在越南问题上有尖锐的冲突，双方都坚持各自的立场，互不相让。1972 年 5 月，尼克松访问苏联，双方就限制战略核武器进行着激烈的谈判。在谈判休息期间，勃列日涅夫对尼克松讲了一个故事：

很久以前,有一个农夫要徒步走向一座荒僻的村庄。农夫知道方向,但不知道距离。在途中,他遇到一个樵夫,于是便问道:"老人家,到前面的村庄还要走多长时间?"

樵夫耸耸肩,又摆摆手说:"我不知道。"

农夫继续往前走,才走了没几步,后面的樵夫就叫住他:"顺着道走,再走15分钟就到了。"

农夫觉得有些奇怪,转身问樵夫:"你刚刚不是说不知道吗?"

樵夫笑了笑说:"那我得先看看你的步子有多大,才能确定啊!"

别看这个故事小,但是它的外交信息量却很大。

首先,勃列日涅夫表示了限制战略核武器的方向,大家是共同认可的;其次,只是进程彼此还不清楚;再次,美国必须先拿出诚意,迈开步子;最后,苏联才能根据美国步伐的大小,采取相应的配合措施。相反,如果美国不先迈开步子,要苏联先迈步,那是不可能的。

这个故事的内涵尼克松领悟到了,于是他微微地点点头笑了。

在美苏的谈判中,勃列日涅夫用一个小故事,在轻松愉悦的气氛中,把原本互不相让的问题轻松化解。由此可见,在谈判过程中,一定要学会创造良好的环境,这样双方才能在友好和谐的气氛中,更快速高效地解决问题。

1949年,国共谈判时,毛泽东分别接见了国民党政府代表。4月中旬的一天,刘斐先生受到接见,他紧张得不知如何开口。

毛泽东说:"你是湖南人吗?"

刘斐回答:"是,我是醴陵县人,与您是邻县,咱们是老乡。"

毛泽东高兴地说:"老乡见老乡,两眼泪汪汪。"

就这样,刘斐的紧张心情一下子变得轻松了许多。接着,毛泽东又和刘斐谈起共同关心的问题。刘斐对于和谈还有疑问,就试探地对毛泽东说:"您会打麻将吗?"

毛泽东回答:"晓得一些,晓得一些。"

"您爱打清一色呢,还是喜欢打平和?"毛泽东听出刘斐话中有话,就笑道:"平和,平和,只要和了就行。"

毛泽东的话含蓄而诚恳地表达了对和谈的诚意,刘斐就此也打消了对和谈的疑虑。

在外交谈判中,为了确保自己的利益,有时候难免会剑拔弩张。但是,过于紧张的气氛并不利于解决实际问题。想要在谈判中达成共识,首先要缓解紧张的气氛,让彼此放松神经,从而在友好的气氛中达成一致。

沟通的智慧

当我们带着情绪或在压力下进行谈判时,往往会让谈判陷入僵局。相反,在轻松愉快的环境下,更有助于达成谈判的目的。其实,很多时候,谈判不是在正襟危坐的气氛下达成的,而是在双方的笑谈之间促成的。

> **下篇**
> **沟通，那些你必须掌握的关键**

第十四章
如何征服面试官——分寸恰当，灵活机动

一、大方得体，勇敢介绍自己

求职就是一个推销自己的过程。如果你畏畏缩缩，无法用清楚的逻辑介绍自己，那么你就很难把自己推销出去。据调查显示，人力主管在招聘的时候，最容易注意到的就是热情大方、勇敢自信的求职者。

因此，想要在求职面试中给面试官留下一个深刻印象，就要大方勇敢地介绍自己。

在费城有一个年轻人，为了找到一份工作，整天都在街上游荡，希望有一天可以碰到一位有钱人。可是，不管他做出怎样特殊的举动，都无法引起人们的注意。

有一天，他突然想起欧·亨利的一句话："在'存在'这个无味的的面团中加一些'谈话'的葡萄干吧。"

后来，这个年轻人闯进了该城著名商人鲍尔·吉勃斯先生的办公室，他请求吉勃斯先生拿出一分钟时间接见他，并允许他讲一两句话。吉勃斯看到这个年轻人虽然衣着简单，但是却很有精神，于是便和他交谈起来。

起初，吉勃斯只想和年轻人谈一两句，想不到两人越谈越投机，结果他们谈了一个小时。最后，吉勃斯还打电话给费城狄诺公司经理泰勒先生，让其给这位年轻人推荐一个优越的职位。

就这样，一个落魄街头的年轻人，在求职无路的情况下，竟在半天内获得了如此美好的结果。

这位年轻人因为足够的勇敢和自信收获了梦寐以求的好工作。我们在找工作的时候，可能并没有直接向老板介绍自己的机会与勇气。但是，当我们面对面试官的时候，同样要拿出最佳的精神状态，尽可能地展示出最好的自己。

在面试的时候，面试官一般都会让我们先做一个自我介绍。有些人觉得这是在浪费时间，简历上已经写得清清楚楚，没必要去浪费时间。但有些人却能通过这样一个简单的问题，就以最快的速度吸引到了面试官的注意力。那么，如何才能成功地将自己最好的一面展示出来呢？

第一，在开始介绍时，一定要报出自己的姓名和应聘的职位。虽然这些资料在简历中已经说得很清楚，但是为了加深面试官对自己的印象，仍然需要再次进行说明。

第二，你可以简单地介绍一下个人基本的情况。如：学历、工作经历、家庭概况、兴趣爱好、理想等。这部分的陈述务必简明扼要、抓住要点。例如介绍自己的学历，一般只需谈本专科以上的学历。工作单位如果多，选几个有代表性的或者你认为重要的几条说明就可以了，但这些内容一定要和面试及应考职位有关系。

第三，由个人基本情况自然过渡到工作期间圆满完成的事件，以一两个例子来形象地明晰自己的经验与能力。最后，要着重结合你的职业理想，说明你应聘这一职位的原因，这一点相当重要。你可以谈对单位或职务的认识了解，说明选择这个单位或职务的强烈愿望；可以谈如果你被录取，那么将会怎样尽职尽责地工作，并不断根据需要完善和发展自己。当然，这些都应密切联系你的价值观与职业观。不过，如果你将自己描述成不食人间烟火、不计较个人利益的人，那么面试官对你的求职动机的信任，就要大打折扣了。

沟通的智慧

中国人不善于自我推销，这与我们提倡谦虚的传统文化有关。很多人相信"是金子到哪里都会发光"的道理，单纯地认为有学历、有能力就会有人赏识，从而可以拥有一份好工作。可事实上，很多人因为不善于表达自己，无法真正做到推销自己，也就无法让别人或用人单位看到自己的闪光点，由此失去了机会。所以，不管你如何出色，工作能力如何强，你都需要学会在面试中勇敢地表达自己。

二、放轻松，灵活自如地应对问题

很多人在面试之前都会感到紧张，因为无法知晓面试官会把什么样的问题抛给自己。在面对不熟悉的问题时，有些人表现得镇定自如，机智灵活地将问题一一解答；有些人则不知所措、毫无条理地应付了事。试想一下，如果你是一名面试官，你更愿意选择前者还是后者呢？

不可否认，面试会对面试者造成一定压力，但是如果面试者因为这种思想压力而表现失准，那就得不偿失了，毕竟，面试官不会给你第二次机会。

所以，在面试的时候，我们应该尽量放轻松，不要给自己太多的心理负担。只有这样，才能在面试的过程中以最好的状态，灵活自如地应对面试官提出的所有问题。

有一位22岁的英国年轻人，尽管有一张名牌大学新闻专业的文凭，还是在竞争激烈的人才市场上四处碰壁。为了求职，这位年轻人几乎跑遍了全英国。一天，他走进了世界著名报社——泰晤士报的编辑部。

他鼓起勇气，十分恭敬地问招聘主管："您好，请问你们还需要编辑吗？"

对方看了看这位外表平常的年轻人说："不需要。"

他接着又问："那需要记者吗？"

对方回答："也不需要。"

年轻人没有放弃："那么，你们需要排版工或校对吗？"

对方有些不耐烦地说:"都不需要。"

年轻人微微一笑,从包里掏出一块制作精美的告示牌交给对方说:"那你们肯定需要这个。"

对方接过牌子看了看,只见上面写着:"额满,暂不招聘。"

他的举动出乎招聘主管的意料,招聘主管被这个年轻人的真诚与智慧所打动,于是特意为他安排了一次全面考核。结果不负所望,年轻人幸运地被报社录用,并成为了外勤部门的一员。事实证明,报社没有看错人。

20年后,这位年轻人在这家英国王牌报社的职位是总编。他就是森蒙——一位资深且具有良好人格魅力的报业人士。

像森蒙这样机智幽默的求职者,相信没有人会对他说"不"。那么,我们要如何才能像他一样,在面试官一连串的问题下,做到随机应变呢?其实,只要掌握以下几点技巧,你就可以在放松的心态下,赢得面试官的认可。

1. 避实就虚

在面试中,有时候面试官会故意说:"我们需要有工作经验的,而你没有工作经验""你的专业好像不对口啊,怎么能胜任我们的工作呢"等。其实,这都是面试官故意问的,他就是要考察你的应变能力,所以你一定要随机应变,说服面试官。

在谈话中要注意扬长避短,以求变被动为主动,最终巧妙地突破话题的限制。只要你能从某种意义上证明面试官的担心是没有必要的,那你就可以彻底打消面试官对你的怀疑,为接下来的面试工作打下良好的基础。

2. 自由发挥

有时候,面试官在面试的时候还会提问一些类似脑筋急转弯的题目。在面对这样题目的时候,我们没有必要紧张,只要自由发挥即可。其实,这类题目的答案本身就不是唯一的,你只要能按着自己的思路,给出一个答案并能证明你的答案是合理的就可以了。

3. 标新立异

有时候,面试官还会提问一些非常怪异的问题。对于这样的怪异问题,我们在回答的时候可以跳出常规思维的框架,利用提问者的反常思路,恰到好处地去构思问题的答案。像这样的问题,正是面试官在考察面试者的创新思维。所以,我们在回答的时候,一定要有新意。

一个美国企业的面试官对前来面试的中国面试者提出了这样一个问题:"在没有天平的情况下,你该如何称出一架飞机的重量?"

面试者的回答非常有意思:"这要看你用中国式还是美国式的方法了。假如是中国人,他会从中国古老的'曹冲称象'中得到启迪;假若是美国人,他会现实一些,拆下零件来分别过磅。"

在面试的过程中,可能会出现各种各样的问题。我们只有保持良好的心态,掌握相应的应对技巧,最终才能真正做到灵活自如、随机应变。

沟通的智慧

面试时,可能会遇到一些你根本不了解或者专业性过强的一些问题,这个时候,不要去回避,也不要牵强附会。而是诚恳、坦率地承认自己的不足之处。或许,有的面试官提出这类问题的本意就是为了考察你是否诚实、可信。

三、要谦虚，但不要过分谦虚

在与人沟通的时候，一个懂得自谦的人，往往更容易被人接受和喜欢。但是，在面试应聘的时候，如果你过分谦虚，就会让人觉得你保守、虚假，甚至会给人留下虚伪的印象。

企业在挑选人才的时候，都希望从应聘者身上看到发展的潜质。如果你的谦虚恰好把你的潜力隐藏了起来，那么你就会因此失去大好的机会。

王欢大学毕业后，到一家中外合资公司应聘。在经过一道道关卡之后，只剩下王欢和另一名求职者苏凯。这家公司的经理是个外国人，在与这两位求职者沟通的时候，他随便地问了三个问题："会打羽毛球吗？"

苏凯说："会。"

王欢在大学里是个不错的羽毛球选手，可她却说："打得不好。"

经理又问："给你们一辆汽车，限在一个星期的时间内，有没有把握学会驾驶汽车。"

苏凯说："有把握。"

王欢曾经学过开车，但她却说："不敢保证。"

经理再问："厨房里有蔬菜，你们两个能不能给我做几样拿手好菜。"

苏凯说："没问题。"

王欢平时很喜欢煮菜，而且煮菜技术有专业水准。可她却说："做得不好。"

如果你是面试官，你更喜欢王欢的回答还是苏凯的回答呢？

事实上，面试官更喜欢充满自信的苏凯。虽然，王欢因为谦虚的美德，不主动表现自己的工作能力。但是，从面试官的角度看，她的过分谦虚，在某种意义上代表了她不敢面对挑战，无法主动承担工作中的问题。

我们在应聘面试的时候，就像登上了一个舞台，只有充分展示自己，才能赢得台下面试官的认可。此时，如果你表现得过分谦虚，不拿出自己真正的实力与能力，又怎么能征服面试官？不可否认，谦虚是一种传统美德，但在面试的时候，只有勇敢和自信才能帮助我们获得一份有前途的工作。

一家大企业在招聘产品营销部门主管，郑明觉得自己完全符合条件，便报名应试。一个星期后，公司通知他去面试。

面试官示意郑明坐在对面的沙发上，然后面无表情地对他说："你的资料我看过了，还不错。可是你为什么想要来我们公司，原来的工作不好吗？"

"没有，我原来的工作也不错，但是我想寻求更大的发展，所以就来应聘。"郑明不紧不慢地回答。

"这么说，如果现在有一家实力更雄厚的公司聘请你，你还会辞职离开？"面试官显然在考察他的应变能力和考察能力。

郑明微笑着回答："如果更有实力的公司愿意聘请我，说明我是个有能力的人，我会很高兴。"他停顿了一下，接着说，"但我不会辞职。因为，公司的实力对我来说，就像是身上的衣服，合适的才是最好的，太小或者太大都不好。"

面试官点了点头，觉得眼前这个年轻人很实在，不故作谦虚，于是又问："如果让你来招聘销售员，你希望他们具备哪些条件？"

"我希望他们起码具备两个条件：一是有能力，但不自作聪明；二是谦虚但不虚伪。"

"为什么？"面试官问。

"那些看上去精明的人，容易让人产生戒备心，看上去诚实的人，更容易得到他人的信任。但不能过于谦虚，过于谦虚会让人觉得虚假，没人愿意把心里话告诉他。有能力就是做事要讲究方法，有好的方法，还要愿意去实践，这种人最适合做推销员。"

"很好，可是我们公司要招聘的是本科毕业生，而你是硕士文凭。这点好像有点不符合我们公司的招聘条件。"

"本科与硕士文凭我都有，你可挑其中一种，我不会介意的。"

面试官脸上露出了一丝笑容，他站起来，拍了拍郑明的肩膀说："年轻人，好好干，你会大有作为的。"

就这样，郑明成功获得了这份工作。

如果谦虚就是你为人处事的态度，那么在面试的时候你可以暂时放下你的谦虚，充分地表现自己。如果你只是想在面试的时候表现出好的品质，那么你可以尝试表现其他品质。因为，面试官需要看到你的能力与表现。

沟通的智慧

求职者应聘面试不能过于谦虚，而应实事求是，有多少才能、能否胜任应聘的职位以及其他工作，都应如实地表达出来。如果过度谦虚则会使面试官以为你"没料"，并对你胜任工作的能力产生怀疑。因此，在面试的时候没有必要表现得太谦虚。

四、女性求职，轻松化解敏感问题

面试求职有时候就像打游戏闯关，在克服重重困难与阻碍之后，才能赢得最终的奖励。作为女性，在求职这场"战役"里，面对的挑战与难关往往要比男性更多。而当这些针对女性的敏感问题出现的时候，女性朋友应对的方法和态度，往往决定了应聘的成功与否。

在职场上，女性职员的能力与表现并不比男性职员差。可有时候，女性却因为面试时无法回答，或者没有给出让面试官满意的答案而失去工作机会。如果你不想因为不知道如何化解敏感问题，而错失一份自己有能力胜任的工作，那么，就和我们一起来学习如何解答敏感问题吧！

1. 你认为家庭与事业之间存在着难以调和的矛盾吗？

这是一个老问题，也是一个难题。招聘单位当然希望你以事业为重，但也希望你拥有一个幸福美满的家庭。毕竟，只有"后院不失火"，没有后顾之忧，才能集中精力干工作，才能发挥出你的聪明才干。显然，直接回答事业与家庭之间存在难以调和的矛盾或根本不存在矛盾，都是不合适的。

建议回答："我以为，无论在工作上还是在家庭中，女性的最大目标都是要使自己活得有价值。虽然我是一个很想通过工作来证实自己的能力、体现生命价值的人，但谁能说那些相夫教子培养出大学生、博士生的农家妇女就活得没有价值呢？"如此回答，可以恰到好处地体现出女性刚柔相济的特征。

2. 你要如何处理上下级关系？

一般在招聘女秘书的时候，往往会问这类问题。这个问题是比较敏感和棘手的，显然一两句话说不清楚。具体来说，面试的时候也不能有足够时间让你来陈述。

建议回答："您能提出这个问题，说明贵公司的领导都是光明磊落的人。我曾经遇到过领导有不轨企图的公司，我应对的方法就是辞职。而在当初他们招聘时恰恰没问到这个问题。两相比较，假若我能进贵公司，就没有理由不去为事业殚精竭虑。"这样的应答没有直接说出"该怎么办"，因为那是建立在上司"有"非分之想的基础之上的，而是通过一个事例来表明自己态度的坚决，又没让问话者难堪。即使新老板确有投石问路之意，日后也不会轻举妄动了。

3. 如何看待晚婚、晚育？

这个问题看似与工作没有多大关系，但你的回答往往直接影响你是否能得到工作。招聘者之所以提出这个问题，是因为想知道你在工作与生育的关系问题上持一种什么态度。女性求职为什么普遍比较难，这就是症结之一。为了工作晚结婚、晚生育，当然是用人单位所希望的，但如果真的这样做了，恐怕也会令人产生疑惑：一个连孩子都可以不要的人，如果再有其他利益的驱动，会不会抛弃一切，包括她曾经为之自豪的工作呢？

建议回答："谁都希望鱼和熊掌能够兼得，当二者不能同时得到的时候，我会选择工作，因为拥有一份好的工作，将来培养孩子就会有更为坚实的经济基础。我想总会有合适的时候让我二者兼得。"

4. 你怎么看待出差这个问题？

面试官提出这个问题，并不是真的想知道你喜不喜欢出差，工作需要时，你不喜欢出差也得出，面试官的目的是想通过此问题，了解你对工作持何种态度。

建议回答："只要公司需要出差，我会义无反顾。当然，出差很可能会成为我今后工作的一部分，这一点在我来应聘前，就已经做好心理准备了。"

5. 如果客户需要你陪他跳舞，你会怎么办？

这个问题是面试官在测试应聘者在压力下的反应能力。有的女性求职者听到这个问题，会感到尴尬，甚至觉得面试官在故意刁难。其实，你只要巧妙地应答，就可以化解尴尬与难堪。

建议回答："正常情况下，陪客户跳舞是可以的。我相信在正规的企业里，不会碰到有无理要求和想法的人。所以，我很乐意接受正直、善良客户的邀请。"

沟通的智慧

女性应聘者要面对的敏感问题形形色色，不可能千篇一律。所以，应聘者在回答问题时要机智灵活，把准脉搏，沉着应答，不要轻视鸡毛蒜皮的小问题。相对于好的语言表达，了解发问者的目的更重要，因为只有清楚知道对方的目的所在，才能有的放矢地回答问题。

五、把话想清楚了再出口

在面试沟通的过程中，语言是求职者与招聘者交流的主要工具。通过语言的表述，求职者可以展示自己的智慧、知识与才华。同样，招聘者也能在语言交流中，感知对方的能力与品质。所以，在面试的时候，我们一定要把话想清楚了再出口，不然面试官对你的整体印象就会大打折扣。

朱明明在北京的一所大学读书。毕业后，和所有的毕业生一样，为留在北京她也投入到了找工作的大军中。很快，一个月的时间过去了，朱明明的工作还是没有着落。眼看着那些名牌大学的本科生、研究生为了一个小小职位"挤破了脑袋"，朱明明这个普通院校的大学生，变得越来越忐忑，恰在此时，有一家公司向她发来复试邀请。

这家公司是朱明明向往已久的大公司，如果工作落实了还能解决户口问题。初试时，她就感觉不错，现在接到复试的通知，她激动了很久。复试之前，朱明明非常用心地打扮了一番。参加复试的一共有五个人，只有朱明明一个女生。

面试开始之后，服务员端来五杯水，几个男生直接拿起自己面前的水杯就开始喝。朱明明看到几个面试官都没有水喝，自己怎么可以抢先呢？于是，她很有礼貌地把杯子递给离她最近的一个面试官。

"还是女孩子比较细心啊。"坐在中间的面试官说，另外几个正在喝水的男生立刻窘迫起来，面面相觑，朱明明对面试官露出了谦逊的微笑。

接着，几位面试官介绍了公司运营方面的具体情况，也谈了他们的专业和对公司的想法。由于刚刚的"喝水事件"，几位男生都比较拘谨，而朱明明和面试官们谈笑自如。所以，她对今天的面试比较胸有成竹。

面试结束后，面试官走出会议室讨论了一下，把朱明明叫了出去说："根据你的性格特点，我们想把你安排在外事部门，不过户口问题可能还需要再争取。"

听到这句话，朱明明愣住了："你们不是答应解决户口问题吗？"她心想要是户口解决不了，自己也许根本不会来应聘……想了一会儿，她咬着嘴唇说，"要不，我跟爸爸妈妈商量一下。"

听了这话，面试官突然愣住了。此时，朱明明也意识到，自己说错了话。

"好吧。"面试官笑着说，"不过要记住，以后你参加面试的时候，不要说'和爸爸妈妈商量'的话了，这样会显得你很没主见。"

后来，朱明明没有得到这份工作，因为她说了一句不该说的话。

求职面试就如同完成一项复杂且精细的工程，在这项工程里，环环紧扣，一个小的细节出现问题，就可能功亏一篑。在面试的时候，我们需要用言语来展示自己，但是，我们所说的每一句话在展示自己优点的同时，也可能暴露自己的缺点。所以，想要成功地通过面试赢得工作，一定要想清楚了，再把话说出口。

沟通的智慧

刚毕业的大学生，在面试时候与公司谈待遇是很容易出现问题的。而且，作为没有工作经验的新人，谈待遇本身就没有立足点。所以，当公司主动谈起待遇问题时，你应该谨慎对待或者干脆用"我相信公司会承认我的工作价值"之类的话来应对。

附录：你不得不知的非语言沟通

我们把声音和肢体语言都归为非语言交往的符号，那么在沟通中都有哪些非语言符号需要我们倍加关注呢？

目光

目光接触，是人际关系中最能传神的非语言交往。"眉目传情""暗送秋波"等成语都形象地说明了目光在人们情感交流中的重要作用。

在与人沟通时，听者应看着对方的目光，表示关注。而讲话者不宜再迎视对方的目光，除非两人关系已密切到了可直接"以目传情"。讲话者说完最后一句话时，才将目光移到对方的眼睛。这是在表示一种询问"你认为我的话对吗？"或者暗示对方"现在该轮到你讲了"。

衣着

人的衣着也在传播信息与对方沟通。意大利影星索菲亚·罗兰说："你的衣服往往表明你是哪一类型，它代表你的个性，一个与你会面的人往往自觉地根据你的衣着来判断你的为人。"

衣着本身是不会说话的，但人们常在特定的情境中以穿某种衣服来表达心中的思想和建议要求。在与人沟通交流中，人们总是恰当地选择与环境、场合和对手相称的服装、衣着。在人际交往中，可以说衣着是销售者"自我形象"的延伸扩展。同样一个人，穿着打扮不同，给人留下的印象也完全不同，对交往对象也会产生不同的影响。

体态

达芬·奇曾说过，精神应该通过姿势和四肢的运动来表现。同样，在人际交往中，人们的一举一动，都能体现特定的态度，表达特定的含义。

人的体态会流露出他的态度。身体各部分肌肉如果绷得很紧，可能是由于内心紧张、拘谨，在与地位高于自己的人交往时常会如此。专家认为，身体的放松是一种信息传播行为，向后倾斜15度以上是极其放松的状态。人的思想感情会从体势中反映出来，略微倾向于对方，表示热情和兴趣；微微起身，表示谦恭有礼；身体后仰，显得若无其事和轻慢；侧转身子，表示嫌恶和轻蔑；背朝人家，表示不屑理睬；拂袖离去，则是拒绝交往。

声调

恰当自然地运用声调，是顺利交往和销售成功的条件。一般情况下，柔和的声调表示坦率和友善，在激动时自然会有颤抖，表示同情时略为低沉。不管说什么话，阴阳怪气，就显得冷嘲热讽；用鼻音哼声往往表示傲慢、冷漠、恼怒和鄙视。

礼物

礼物的真正价值是不能以经济价值衡量的，其价值在于沟通了人们之间的友好情意。原始部落的礼品交换风俗的首要目的是道德，是为了在双方之间产生一种友好的感情。同时，人们通过礼品的交换，同其他部落氏族保持着社会交往。当你生日时送你一束鲜花，你会感到很高兴，与其说是花的清香，不如说是鲜花所带来的祝福和友情的温馨使你陶醉，而自己买来的鲜花就不会引起如此愉悦的感受。

时间

赴会一定要准时，如果对方约你晚上7点钟见面，你准时或提前片刻到达，会体现交往的诚意。如果你 8 点钟才到,尽管你口头上表示抱歉,也必然会使对方不悦,对方会认为你不尊重他,而无形之中为自己埋下隐患。

文化背景不同,社会地位不同的人,时间观念也会有所不同。如德国人讲究准时、守时;而如果应邀参加法国人的约会千万别提早到达,否则你会发觉,准时到场的人只有你一个。

微笑

微笑来自快乐,它带来快乐的同时也创造了快乐。在与人沟通时,微微笑一笑,双方都从发自内心的微笑中获得这样的信息"我是你的朋友",微笑虽然无声,但是它表达出了如下许多意思:高兴、欢悦、同意、尊敬。